Bettina Wenzel

Nordic Walking

Schritt für Schritt
gesund und fit

W0094236

Mosaik
bei GOLDMANN

Wir bedanken uns bei der Firma EXEL für die freundliche Überlassung der Produktbilder auf der Seite 42. Weitere Informationen zu den Produkten der Firma EXEL finden Sie unter www.exelsports.net und im Sportfachhandel.

Umwelthinweis:
Alle bedruckten Materialien dieses Taschenbuches
sind chlorfrei und umweltschonend.

3. Auflage
Originalausgabe November 2003
© Wilhelm Goldmann Verlag, München,
ein Unternehmen der Verlagsgruppe Random House GmbH, München
Umschlaggestaltung: Design Team München
unter Verwendung eines Fotos von: Zefa/Lenz
Illustrationen: Mascha Greune
Redaktion: Susanne Lötscher
Satz: Buch-Werkstatt GmbH, Bad Aibling
Druck: GGP Media, Pößneck
Verlagsnummer: 16597
Kö · Herstellung: Ina Hochbach
Printed in Germany
ISBN 3-442-16597-0
www.goldmann-verlag.de

Inhalt

Nordic Walking – die neue Lust an der Bewegung

Wer glaubt, dass Stöcke nur für Fußlahme und ältere Menschen da sind, der irrt sich gewaltig. Nordic Walking heißt der neue Fitnesssport, der nach und nach ganz Europa in seinen Bann zieht. Der Clou daran ist der bewusste Einsatz von Stöcken. Dadurch wird diese Sportart zu einem effektiven und ganzkörperorientierten Ausdauertraining für Jung und Alt.

Nordic Walking ist dem Skilanglauf nachempfunden und vom Bewegungsablauf her eine Mischung aus Walking und Skilanglaufen. Nicht verwunderlich ist daher die spöttische Bemerkung mancher Spaziergänger, die zum ersten Mal einem Nordic Walker über den Weg laufen: »Sie haben wohl Ihre Skier verloren?« Wer sich solchen oder ähnlichen Bemerkungen nicht aussetzen und Nordic Walking deshalb lieber nicht ausprobieren möchte, der sei beruhigt: Dumme Sprüche werden bald der Vergangenheit angehören. Denn aufgrund der ausgezeichneten gesundheitlichen Auswirkungen, dem Spaß und der Möglichkeit, Nordic Walking jederzeit und überall auszuüben, werden »bestockte« Walker bald zum normalen Alltagsleben gehören.

Wie alles begann

Wie der Name schon andeutet, wurde Nordic Walking im Norden geboren. Finnland ist der Geburtsort, in dem 1997 die ersten Nordic-Walking-Instruktoren ausgebildet wurden. Bereits im Jahr 2000 hatte Nordic Walking dem Joggen den Rang abgelaufen. 2001 bestätigten über 480.000 Finnen, regelmäßig »Sauvakävely« – wie Nordic Walking auf Finnisch heißt – zu betreiben. Über zwei Millionen Finnen sagten, dass sie diesen Sport zumindest schon einmal ausprobiert haben. Wie man sieht, löste Nordic Walking in Finnland ein regelrechtes Fieber aus. Mit hoher Ansteckungsgefahr.

Denn mittlerweile hat sich diese gesunde und schonende, aber hocheffektive Walking-Variante mit Stöcken auch in anderen Ländern herumgesprochen und breitet sich unaufhaltsam in den USA, Japan und Mitteleuropa aus.

Was ist also dran an diesem neuen Fitnesssport?

Das Gehen mit Stöcken ist im Prinzip keine neue Erfindung. Bereits im Mittelalter benutzten Pilger lange Stöcke, um sich in schwierigem Gelände besseren Halt zu verschaffen. Ebenso verwenden Bergwanderer Stöcke, um sich, besonders beim Bergabwandern, besser abstützen zu können und so die Knie zu schonen.

In den 50er Jahren wurde das Gehen mit Stöcken unter dem Namen »Skigang« in das Sommertraining für Spitzenskilangläufer eingebaut. Die Stöcke halfen den Athleten, die schneelose Zeit effektiver zu nutzen und den ganzen Körper mit einer Kombination aus Lauf- und Sprungelementen, bei der auch die Stöcke zum Einsatz kamen, zu kräftigen. Auf diese Weise konnten sich die Sportler bestens auf die kommende Winter- und Wettbewerbssaison vorbereiten. Bereits in den 80er Jahren wurden Versuche unternommen, Nordic Walking als Breitensport zu etablieren, jedoch mit wenig Erfolg. Die aus dem Langlauf üblichen Stocklängen waren schwer zu handhaben und führten außerdem zu einer sehr hohen Trainingsbelastung. Zudem übertrugen die Materialeigenschaften der damals üblichen Alustöcke die Vibrationen beim Stockeinsatz direkt auf Hand-, Arm- und Schultergelenke, so dass es dort statt zu Entlastungen vielmehr zu Beschwerden kam. Auch das mittlerweile entwickelte spezielle Handschlaufensystem, das eine Dauerspannung der Armmuskulatur verhindert, war damals noch nicht erfunden.

In den 90er Jahren erwachte neues Interesse an Walking mit Stöcken, und erste Untersuchungen belegten bald das hohe Potenzial dieser Sportart für ein effektives Ganzkörpertraining.

Zunehmend mehr Wissenschaftler und Sportler beschäftigten sich mit dem dynamischen Gehen mit Stöcken. Sie kamen bald überein, dass es die Effektivität des normalen Walking, welches als der gesündeste Fitnesssport gilt, um einiges übertrifft. Außerdem war es einfach zu lernen und überall durchführbar. So schaffte Nordic Walking nach und nach den Sprung zum Breitensport.

Leben heißt Bewegung

»Wer rastet, der rostet«, heißt ein altes Sprichwort, das immer noch gerne zitiert wird. Der Sinn ist nicht schwer zu verstehen: Wer sich nicht regelmäßig bewegt, wer immer nur herumsitzt und nichts tut, gehört bald zum »alten Eisen«. Sportliche Bewegung wird in unserer heutigen Gesellschaft groß geschrieben. Kaum eine Stadt, die nicht mindestens ein Fitness-Center zu bieten hat, kaum einer, der sich nicht mit Gesundheits- und Fitnessfragen beschäftigt hat, ganz zu schweigen von den zahlreichen Büchern, die es zu diesem Thema gibt.

Und dennoch, so paradox es auch klingt, haben sich die Menschen zu keiner Zeit weniger bewegt als heute! Der allgemeine Bewegungsmangel gilt sogar als so weit verbreitet, dass ihn die WHO zusammen mit den anderen wesentlichen, so genannten externen Risikofaktoren wie Stress, Rauchen, Fehlernährung und Übergewicht zu den größten Gefährdungen des 21. Jahrhunderts zählt. Bereits Kinder bewegen sich heute viel zu wenig. Laut Statistik sollen Grundschüler nur eine Stunde täglich in Bewegung sein – ein alarmierendes Zeichen. Untersuchungen bei zwölfjährigen Kindern zeigen, dass 40 Prozent von ihnen Kreislaufprobleme haben, jedes dritte Kind Haltungsfehler, jedes zweite Muskelschwächen und jedes fünfte Übergewicht hat.

Bereits 33 Prozent der Berufsschüler und 12 Prozent der Gymnasiasten klagten bei einer Befragung über ständige Rückenbeschwerden im Alltag.

Wie konnte es trotz der zahlreichen Sportangebote so weit kommen?

Die Antwort ist nicht allzu schwer zu erraten, wenn man einen Blick auf die Geschichte wirft.

In der Vergangenheit war der Mensch gezwungen, viel zu gehen oder zu laufen. Sein Arbeitstag bestand häufig aus 12 Stunden Bewegung aus eigener Muskelkraft. Sei es die Jagd nach Nahrung, die Bestellung des Feldes oder der Gang in die Stadt auf den Wochenmarkt – es gab keine Autos oder Busse, die in zehnminütigen Abständen hin- und herpendelten. Wer sich fortbewegen wollte, musste das in der Regel auf den eigenen zwei Beinen tun, und zwar bei Wind und Wetter.

Unser modernes Leben mit den verschiedenen Fortbewegungsmitteln hat unseren Lebensstil jedoch grundlegend verändert. Statt mühseliger Nahrungssuche oder Ackerbestellung verdienen immer mehr Menschen in den westlichen Industrienationen ihren Lebensunterhalt mit einer – vorwiegend – sitzenden Tätigkeit. Immerhin 10 bis 15 Stunden verbringt der moderne Mitteleuropäer täglich im Sitzen, vor dem Computer, am Schreibtisch oder bei Besprechungen.

Für den Heimweg steigt er dann ins Auto oder benutzt die öffentlichen Verkehrsmittel. Es folgt ein oft üppiges Abendessen, weil das Mittagessen aus Zeitdruck entfallen musste und man daher völlig ausgehungert ist. Der Rest des Abends wird meist bequem im Fernsehsessel oder auf dem Sofa beim Fernsehen verbracht. Man »lässt« lieber in der Sportschau oder beim Fußballspiel Sport treiben – für eigene Bewegung bleibt da meist kein oder sehr wenig Raum.

Die Folgen sind leider nicht zu übersehen: Der Mensch

wird träge und setzt Fett an. Das Herz muss schwerer arbeiten, damit der Kreislauf in Schwung bleibt, bei größerer Anstrengung wird die Atemluft knapp. Das Zuviel an Gewicht belastet und versteift nicht nur die Gelenke, auch der Darm wird träge. In kürzester Zeit haben sich die Annehmlichkeiten, die das moderne Leben bietet, in handfeste gesundheitliche Nachteile verwandelt. Dagegen hilft nur eines: regelmäßige Bewegung! Bereits eine Stunde Sport pro Woche erhöht die körperliche Fitness und beugt Krankheiten vor.

Gesund und fit mit Ausdauertraining

Wer sich heute entschließt, Sport zu treiben, hat gewissermaßen die Qual der Wahl. Sportarten gibt es mittlerweile Unmengen, die Angebote werden immer größer. Die verschiedenen Sportarten lassen sich grob in drei Bereiche unterteilen:

- Muskeltraining, das keine Bewegung verlangt: Dazu gehören die so genannten isometrischen Übungen, die zwar einen Einfluss auf die Muskelmasse haben, jedoch keinen auf das Herz-Kreislauf-System.
- Gymnastische Übungen oder auch Krafttraining, bei denen leichte Bewegung gefordert ist. Diese reicht jedoch nicht aus, um das Herz-Kreislauf-System zu stärken.
- Sportarten wie Tennis, Basketball oder Tischtennis. Hier wird zwar Sauerstoff verbraucht, doch die Belastung reicht nicht aus für einen guten Trainingseffekt auf Herz und Kreislauf. Außerdem ist Tennis nicht für jeden geeignet, da die Gelenke durch das »Stop and Go« zusätzlich belastet werden.

- Ausdauersportarten, die viel Sauerstoff verbrauchen und bei denen ein Großteil der Skelettmuskulatur beansprucht wird.

Von den verschiedenen sportlichen Aktivitäten nehmen aus gesundheitlicher Sicht die Ausdauersportarten eine Sonderstellung ein. Bei keinen anderen Aktivitäten lässt sich der Stoffwechsel, besonders der Fettstoffwechsel, so gezielt und effektiv trainieren wie bei Ausdauersportarten. Dazu gehören Radfahren, Schwimmen, Skilanglauf, Laufen, Walking und auch Nordic Walking. Die drei letztgenannten haben den großen Vorteil, dass man sie das ganze Jahr über an der frischen Luft und ohne aufwändige Ausrüstung ausüben kann.

Joggen

Joggen gehört zum Ausdauersport Nummer eins in unserer Gesellschaft. Sei es, um die Kondition zu verbessern, sei es um ein paar Pfund abzuspecken oder sogar, um sich auf einen Amateurmarathon vorzubereiten: Fest steht, dass Läufer aus unseren Wäldern und Parks nicht mehr wegzudenken sind. Laufen gehört zu den ursprünglichsten Fortbewegungs- und Wettkampfformen. Bereits bei den alten Ägyptern und Sumerern wurden bei Hofe Laufwettkämpfe durchgeführt.

Doch gerade darin, dass es so »einfach und natürlich« ist, liegt auch eine gewisse Problematik.

Sportmedizinische Untersuchungen haben ergeben, dass viele Jogger versuchen, an ihre eigenen Leistungsgrenzen zu kommen, und dabei ihren Körper überlasten. Andere Untersuchungen an Freizeitsportlern haben gezeigt, dass die

Belastungsdosierung beim Jogging oft schwierig ist, das heißt, man kann, wenn man nicht darauf achtet, in den »roten Bereich« kommen, der für die Gesundheit eher schädlich ist. Die Folge: verletzte Gelenke, Rücken-, Knie- und Hüftbeschwerden oder Kreislaufprobleme. Das bedeutet jedoch nicht, dass passionierte Jogger mit dem Laufen aufhören sollen. Im Gegenteil: In Kombination mit Walking und Nordic Walking ist Joggen für sportlich aktive und leistungsfähige Menschen eine hervorragende Art, die Fitness zu optimieren. Dennoch gilt für jeden Laufanfänger: langsam einsteigen. Dauer sowie Geschwindigkeit des Joggens sollten sehr langsam erhöht werden, um Beschwerden zu vermeiden. Sind nämlich die genannten Probleme erst einmal da, sollten Sie vom Joggen als Ausdauersport lieber die Finger lassen. Auch für übergewichtige Menschen ist Joggen nur bedingt zu empfehlen. Immerhin kommt es dabei zu einer Belastung der Gelenke, die je nach Laufunterlage dem Fünffachen des eigenen Körpergewichts entsprechen kann. Das Laufen auf Asphalt ist dabei für den Körper anstrengender und belastender als beispielsweise das Laufen auf federndem Waldboden.

Joggen setzt weiterhin einen Grad an Fitness und Lust am Sport voraus, den nicht jeder aufbringen will. Natürlich gibt es die fitten Jogger, die nach einer Stunde Laufen immer noch ein frisches Lächeln auf dem Gesicht tragen und nicht aus der Puste geraten. Doch viele, die mit Sport nicht so viel am Hut haben, verbinden mit Joggen starke Anstrengung und jede Menge Keuchen, so dass das Anziehen der Laufschuhe gerne immer wieder verschoben wird. Zu wenig Zeit, zu viel Arbeit, zu unsportlich, zu krank sind die gängigsten Ausreden. Irgendwann gilt das Thema Laufen endgültig als abgehakt, doch das schlechte Gewissen, nichts für die Gesundheit zu tun, bleibt.

Walking

Wer eher zu den Bewegungsmuffeln gehört und es daher lieber einmal ruhig angehen möchte, für den ist Walking eine geeignete Alternative. Walking ist die sportlichere Variante des Gehens und wird als sanfte Ausdauertrainingsform beschrieben, die einen ausreichenden Trainingsreiz bei gleichzeitig geringer Überlastungsgefahr gewährleistet.

Walking unterscheidet sich vom Laufen zunächst durch die fehlende Flugphase. Beim Laufen haben beide Füße kurzzeitig keinen Bodenkontakt, während beim Walking immer mindestens ein Fuß den Boden berührt.

Der hintere Fuß wird erst dann vom Boden abgehoben, wenn das Gewicht bereits auf den vorderen Fuß verlagert wurde. Außerdem spielt bei einer guten Walkingtechnik das Abrollen des vorderen Fußes eine große Rolle.

Der Fuß muss also nur das Körpergewicht tragen und nicht auch noch einen Sprung abfedern, wie es beim Joggen der Fall ist. Daraus folgt, dass beim Walking die Belastung der Gelenke nur beim 1- bis 1,5fachen des Körpergewichts liegt und somit weitaus geringer als beim Joggen ist. Der bewusste Einsatz der Arme beim Walking bestimmt die Schrittfrequenz und die Schrittlänge und trainiert somit den ganzen Körper.

Walking eignet sich als guter Einstieg in eine aktivere Lebensgestaltung, die bereits über eine relativ geringe Anhebung der körperlichen Leistung zu einer deutlichen Reduzierung von Herz-Kreislauf-Erkrankungen führen kann.

Doch obwohl Walking eine ausgesprochen gesundheits-
freundliche Sportart ist, wird ihre Effektivität durch Nordic
Walking noch übertroffen.

Nordic Walking

Nordic Walking ist die ideale Sportart für diejenigen, die eine effektive, aber dennoch gelenkschonende Sportart suchen. Denn Walking mit Stöcken macht aus dem klassischen Walking ein wirksames Ganzkörpertraining mit
maximalem Trainingseffekt. Über die Hälfte aller Muskeln
befinden sich im oberen Bereich, also über der Hüfte. Bereits beim normalen Walking werden diese trainiert – häufig ist es allerdings so, dass Freizeit-Walker die Arme nicht
richtig einsetzen, teilweise aus Nachlässigkeit, teilweise,
weil sie sich bei der betonten Armbewegung albern vor-
kommen.
Beim Nordic Walking werden die positiven Trainingseffek-
te des Walking durch den Einsatz von Stöcken ergänzt. Dadurch wird der Armeinsatz optimiert, und es werden mehr
Muskeln trainiert.
Dabei ist die Arm- und Beintechnik des Nordic Walking
jedoch eine völlig andere als die beim klassischen Walking.
Beim Nordic Walking ist der bewusste Stockeinsatz, ähnlich
wie beim Skilanglauf, Teil des gesamten Bewegungsablaufs.
Man kommt also gar nicht umhin, seine Oberkörpermuskulatur zu trainieren. Sportmedizinische Untersuchungen belegen das: Nordic Walking trainiert 90 Prozent der gesamten
Muskulatur bei einer gleichzeitigen Entlastung des Bewegungsapparates um bis zu 30 Prozent durch die Verwendung
von Stöcken. Wer jedoch über den Begriff »entlasten« in

Zusammenhang mit Sport nur lächeln kann, der sei rasch eines Besseren belehrt.

Das Cooper Institut in Dallas, Texas, verglich in einer Studie im Jahr 2000 die Effektivität von Nordic Walking und normalem Walking. Es stellte sich heraus, dass die Studienteilnehmer in der Nordic-Walking-Gruppe im Durchschnitt 20 Prozent mehr Sauerstoff aufnahmen und 20 Prozent mehr Kalorien verbrauchten als die Studienteilnehmer in der Walking-Gruppe. Bei einigen Studienteilnehmern stiegen Sauerstoffaufnahme und Kalorienverbrennung sogar auf bis zu 46 Prozent an.

Zusätzlich stellte sich heraus, dass die Herzfrequenz um bis zu 13 Prozent gesteigert wurde. Bei normalem zügigen Gehen liegt diese bei circa 130 Schlägen pro Minute, beim Nordic Walking hingegen bei bis zu 147 Schlägen pro Minute.

Das Erstaunliche ist: Trotz dieser Effektivitätssteigerungen fanden die Teilnehmer der Nordic-Walking-Gruppe das Gehen mit Stöcken nicht anstrengender als das Gehen ohne Stöcke. Weitere Untersuchungen ergaben ebenfalls, dass trotz erhöhter Pulsfrequenz das gefühlte Anstrengungsempfinden weit unter der messbaren tatsächlich erbrachten Leistung lag.

Nordic Walking eignet sich also sehr gut als schonende, aber effektive Ausdauersportart für eine bessere Fitness ebenso wie zum Verlieren überflüssigen Gewichts. Denn auch hier haben Untersuchungen ergeben: Werden bei normalem Walking 280 Kalorien pro Stunde verbraucht, so sind es bei Nordic Walking über 400.

Nordic Walking ist eine Sportart, die von jedermann ausgeübt werden kann. Da die Gelenke sehr geschont werden,

ist es besonders gut für Menschen mit Rücken- oder Knieproblemen geeignet, die aufgrund dieser Beschwerden besser auf das Joggen verzichten sollten. Als Rehabilitation
nach Sportverletzungen gilt Nordic Walking als die am besten geeignete Outdoor-Sportart.

Aber auch ältere Menschen werden mit Nordic Walking
eine Sportart entdecken, die ihren sportlichen Bedürfnis-
sen gut entspricht.

Die zwei zusätzlichen »Beine« vermitteln zum einen ein
sicheres Gehgefühl und verhindern Stürze. Zum anderen
orientiert sich Nordic Walking an der individuellen Leistungsfähigkeit und am ganz persönlichen Fitnessniveau.
Sportanfänger und ältere Menschen brauchen daher keine
Angst zu haben, mit rotem Kopf und hängender Zunge
durch Wald und Wiesen zu hetzen. Jeder läuft so, wie seine
Leistungsfähigkeit es zulässt. Steigerungen sind immer möglich. Denn Spaß an der Bewegung wird bei Nordic Walking
groß geschrieben, und das sollte selbst die überzeugtesten
Fitnessmuffel aus dem Versteck locken. Wenn Sie also Ihrem Körper etwas Gutes tun wollen und schon länger nicht
mehr trainiert haben, dann ist Nordic Walking für Sie der
beste Einstieg in ein sanftes Ausdauerprogramm.

Aber auch wer das Gehen mit Stöcken etwas intensiver
betreiben möchte – kein Problem. Besonders Fitte können
in ihr Nordic-Walking-Training auch Sprünge einbauen
oder einfach »Nordic joggen« statt walken. Beim Nordic
Jogging werden mit Hilfe der Stöcke das »sanfte« Nordic
Walking und das körperlich anspruchsvolle Jogging miteinander verbunden, was den Fitnesslevel in die Höhe treibt.
Somit wird auch das Laufen zum Ganzkörpertraining aufge-
wertet.

Und das Wichtigste zum Schluss: Nordic Walking ist ausgesprochen leicht zu erlernen und dabei auch noch kostengünstig. Alles, was Sie brauchen, sind ein paar Stöcke und bequeme Sportkleidung. Bei diesen günstigen Voraussetzungen kann man doch nur eines sagen: An die Stöcke, fertig, los!

Auf einen Blick – Vorteile des Nordic Walking

- Nordic Walking ist eine leicht erlernbare und außerdem kostengünstige Sportart.
- Nordic Walking entlastet den Bewegungsapparat um bis zu 30 Prozent und ist aus diesem Grund ideal geeignet für Menschen mit Rücken- und Knieproblemen.
- Nordic Walking hilft dreifach: Es trainiert gleichzeitig Ausdauer, Kraft und Koordination.
- Nordic Walking gilt als die am besten geeignete Outdoor-Sportart zur Rehabilitation nach Sportverletzungen.
- Nordic Walking trainiert 90 Prozent der gesamten Muskulatur.
- Nordic Walking verbessert die Herz-Kreislauf-Tätigkeit.
- Nordic Walking steigert den Kalorienverbrauch im Vergleich zum Gehen ohne Stöcke um etwa 20 bis 46 Prozent.
- Nordic Walking steigert durch den aktiven Einsatz der Atemhilfsmuskulatur die Sauerstoffversorgung des gesamten Organismus.
- Nordic Walking ist eine gesellige Sportart und fördert soziale Kontakte.

- Nordic Walking entlastet die Wirbelsäule. Studien zeigen, dass der Stockeinsatz die Belastung auf die Beingelenke und die Wirbelsäule senkt. Pro Schritt wird die Last des Körpers um bis zu 5 kg reduziert, beim Bergauf-/Bergabgehen sogar um bis zu 8 kg.
- Nordic Walking löst Muskelverspannungen in Schulter und Nacken.
- Nordic Walking ist ein ideales Ausdauertraining und trägt zur Kräftigung der Oberkörpermuskulatur bei.
- Nordic Walking vermittelt durch ein paar »Extrabeine« ein sicheres Laufgefühl auch auf glattem Untergrund.

So walken Sie richtig

Wer schon öfter beim Skilanglauf war, der tut sich mit Nordic Walking leichter, da die Technik dem Bewegungsablauf beim Skilanglauf sehr ähnlich ist. Aber auch wer noch nie auf Langlaufskiern stand, wird nicht lange zu den Anfängern gehören. Aber Vorsicht: Gerade weil Nordic Walking so leicht erlernbar ist, kann man schnell in die Versuchung geraten, einfach loszumarschieren. Es ist jedoch durchaus sinnvoll, einen Einführungskurs für Nordic Walking zu belegen, um Rhythmus und Ablauf dieser Ausdauersportart richtig zu erlernen. Besonders die Stockbewegung erfordert am Anfang etwas Konzentration und die Korrektur erfahrener Lehrer. Wenn Sie erst einmal die Grundregeln des Nordic Walking beherrschen, können Sie problemlos überall Ihre Stöcke auspacken und loslegen.

Der Bewegungsablauf

Beim Nordic Walking wird, ebenso wie beim Langlaufen, der physiologisch diagonale Bewegungsablauf genutzt. Das heißt, der rechte Stock berührt dann den Boden, wenn die linke Ferse aufsetzt und umgekehrt. Je nach Einsatz der Arm- und Oberkörpermuskulatur kann das Walkingtempo gesteigert und die Trainingsintensität entsprechend verändert werden.

Wie beim ganz normalen Gehen auch, bewegen sich jeweils das linke Bein und der rechte Arm beziehungsweise

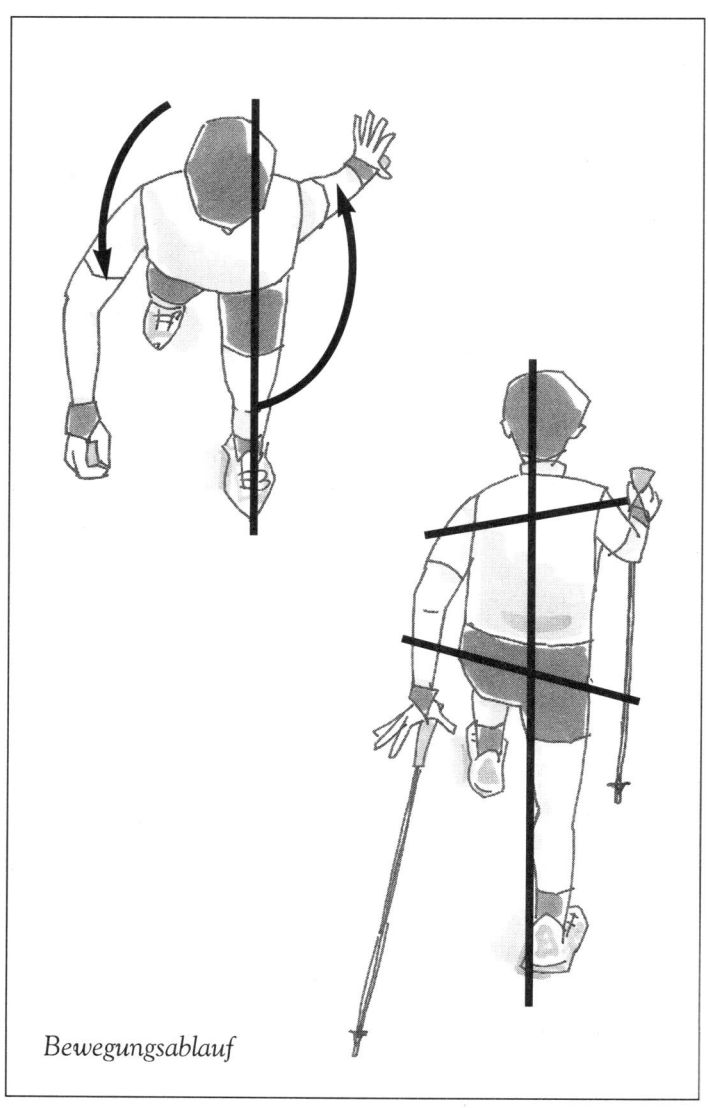

Bewegungsablauf

das rechte Bein und der linke Arm gleichzeitig nach vorn. Der Unterschied zum normalen Gehen besteht darin, dass sich beim Nordic Walking die Schrittlänge vergrößert. Der Armschwung passt sich den Schrittbewegungen an und wird dadurch verlangsamt. Die Stöcke werden nah am Körper gehalten. Technisch richtiges Nordic Walking bedeutet, dass der Schritt beginnt, wenn die Ferse den Boden berührt, und dann endet, wenn die Zehen und die Fußballen sich gleichzeitig vom Boden abstoßen. Die Schultern sollten locker und entspannt sein, der Körper ist, je nach Schrittlänge, leicht nach vorn geneigt, die Füße sind nach vorn gerichtet. Die Stöcke werden jeweils zusammen mit der gegenüberliegenden Ferse aufgesetzt. Ober- und Unterkörper schwingen bei einem optimalen Stockeinsatz gleichmäßig in entgegengesetzter Richtung. Auf diese Weise wird die Hüftmuskulatur aktiv trainiert. Die Stöcke schwingen parallel zum Körper vor und zurück. Bei richtiger Technik wird der Stockgriff beim Einsatz fest umfasst und beim Zurückstoßen locker gelassen. Die Stöcke zeigen dabei immer diagonal nach hinten.

Richtiges Abrollen

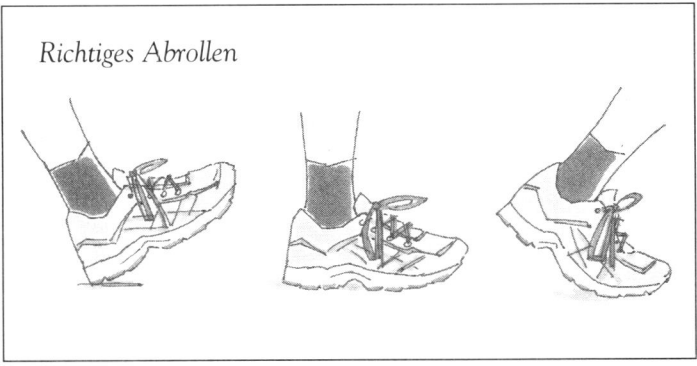

Haben Sie die Technik erst einmal verinnerlicht, sind durch wechselndes Tempo und eine unterschiedliche Intensität des Stockeinsatzes zahlreiche Variationen möglich.

Der Bewegungsablauf im Einzelnen

Phase 1

Halten Sie den rechten Arm leicht gebeugt nach vorn. Der Stock ist dabei etwas nach hinten abgewinkelt. Die linke Faust befindet sich auf Hüfthöhe. Wenn Sie den Stock

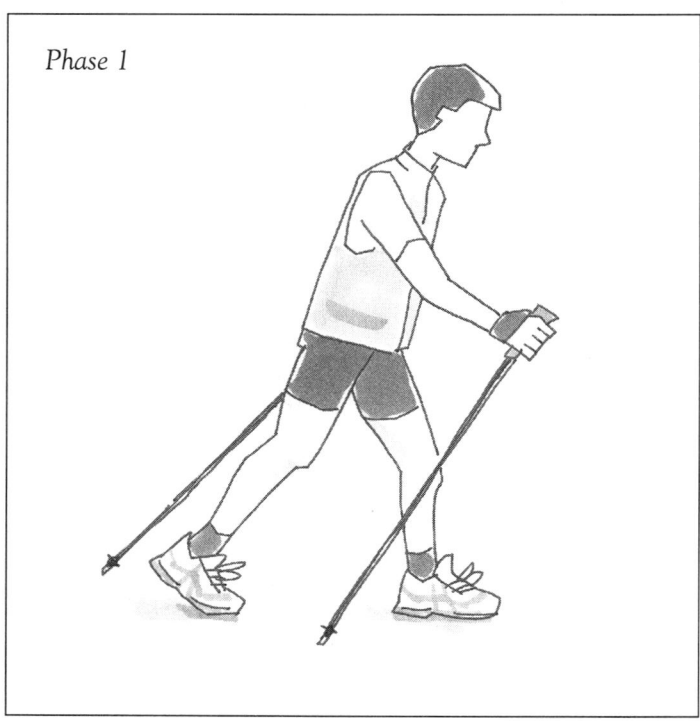

Phase 1

nach hinten abstoßen, wird der linke Arm nach hinten gestreckt, der Stockgriff wird losgelassen.

Beim Abstoßen vom Boden steht das rechte Bein hinten, am Knöchel gestreckt. Das linke Bein liegt vorn und beginnt einen neuen Schritt.

Phase 2
Während Sie den Stockschub mit dem rechten Arm durchführen, erfolgt zeitgleich der Abstoß des linken Beines. Die Fäuste gleiten knapp vor dem Körper aneinander vorbei,

Phase 2

und der Stockschub der rechten Hand beginnt dann, wenn die Faust am Becken vorbeigeführt wurde. Gleichzeitig schwingt der linke Arm nach vorn und unten. Die Faust umfasst dabei fest den Stockgriff. Zu dem Zeitpunkt, wenn das rechte Bein die gleiche Höhe wie das linke erreicht, wird es in Höhe des Knies leicht angewinkelt. Dabei liegt das Gewicht auf dem linken Bein und auf dem Stock der rechten Hand.

Phase 3

Der Stockschub ist bei voller Streckung des rechten Armes abgeschlossen. Damit der Arm völlig gestreckt ist, wird die

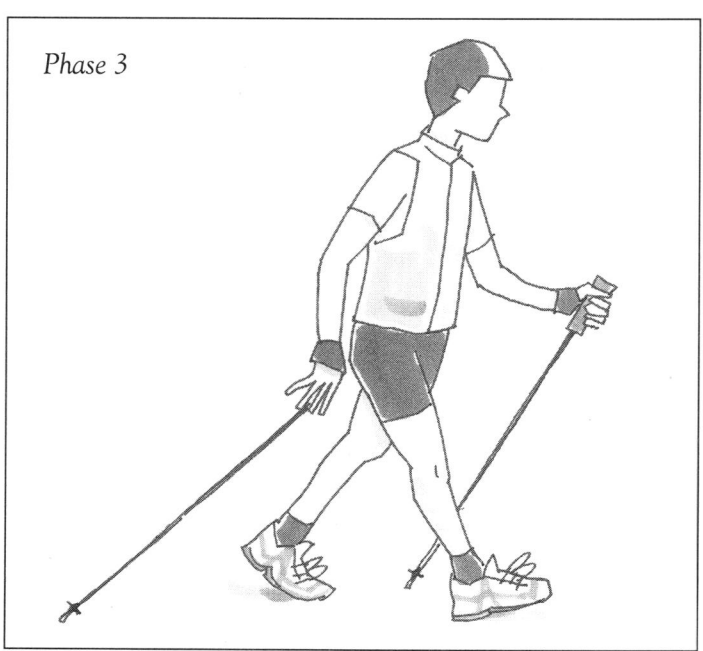

Phase 3

Hand leicht geöffnet, und der abschließende Stoß wird über die Stockschlaufe ausgeführt. Gleichzeitig wird die linke Faust mit dem Stockgriff leicht nach oben und nach vorn gehoben, der Arm wird leicht gebeugt.

Nun ist beim Abstoßen vom Boden das linke Bein am Knöchel gestreckt. Das rechte Bein liegt vorn und beginnt einen neuen Schritt.

Phase 4
Mit dem Öffnen der Handfläche wird der Stockschub der rechten Hand beendet. Der Stockschub des linken Armes beginnt, der Körper ist dabei leicht nach vorn gebeugt.

Phase 4

Nordic Walking im Gelände

Als Anfänger sollten Sie Nordic Walking zunächst auf der sicheren Ebene üben, damit ihnen die richtige Technik in Fleisch und Blut übergeht und Sie keine Angst vor Stürzen haben müssen. Wenn Sie dann mit der Technik vertrauter sind, können Sie sich in hügeliges Gelände wagen, wo Sie die Effektivität von Nordic Walking steigern können. Damit Sie kleine Steigungen oder Abhänge überwinden können, ohne Ihre Gelenke zusätzlich zu belasten, lässt sich die in der Ebene erlernte Technik problemlos an hügeliges Gelände anpassen.

Bergauf gehen

Wenn Sie bergauf gehen, wird der Körper weiter nach vorn gebeugt als beim Gehen im flachen Gelände. Ebenso wird

Bergauf gehen

der Armeinsatz kräftiger und die Oberschenkel sowie die Wadenmuskulatur werden stärker beansprucht. Versuchen Sie bei geringeren Steigungen die Schrittlänge, die Sie im flachen Gelände haben, durch stärkeren Stockeinsatz beizubehalten. Erst bei steileren Anstiegen wird die Schrittlänge kürzer.

Da bei Steigungen der Armeinsatz stärker ist, wird der Oberkörper besser trainiert.

Bergab gehen

Wenn Sie bergab gehen, verkürzt sich die Schrittlänge etwas und der Körperschwerpunkt liegt tiefer. Der Stockschub ist geringer als beim Nordic Walking auf ebenem oder ansteigendem Gelände. Achtung: Halten Sie die Knie

Berg abgehen

stets angewinkelt, bei gestreckten Knien wird der Aufprall auf Hüfte und Becken sonst zu stark. Beim Abstoßen vom Boden wird der Fuß nicht, wie im flachen Gelände, gestreckt. Das Gewicht verteilt sich zwischen dem jeweils auf dem Boden auftreffenden Stock und der Ferse des gegenüberliegenden Fußes. Denken Sie daran: Je mehr Belastung Sie mit dem Stock auffangen, desto weniger Gewicht muss das Bein tragen, und desto weniger wird Ihr Knie belastet. Bei optimaler Technik können die Aufprallkräfte um bis zu 30 Prozent gedämpft werden. Gebremst wird mit Hilfe der Beine und des Beckens, das sich in einer angedeuteten Sitzposition befindet.

Die Stockspitzen werden nicht vor den Körper geführt, sondern treffen hinter dem Körper auf.

Die ersten Schritte

Wie war das doch gleich, rechter Fuß vor, linker Stock nach hinten – oder doch anders? Wer seine ersten Nordic-Walking-Schritte ausprobiert, merkt bald, dass er mit den Schritten und dem dazugehörigen Stockeinsatz manchmal etwas durcheinander gerät. Aber keine Angst, mit ein wenig Übung wird Ihnen die Koordination von Stöcken, Armen und Beinen bald keine Probleme mehr bereiten. Schließlich stärkt Sport ja nicht nur den Körper, sondern auch Konzentration und Gedächtnis! Um sich erst einmal warm zu laufen, gibt es ein paar Übungen, welche die anfängliche Verwirrung bald auflösen.

Fangen Sie einfach an zu gehen, indem Sie sich die Stockschlaufen über die Hände ziehen und ganz normal, wie bei einem zügigen Spaziergang, laufen. Die Stöcke baumeln dabei ganz locker an Ihren Händen und werden mitgeschleift. Gehen Sie ganz entspannt, und bleiben Sie locker in den Schultern.

Wenn Sie Ihren Rhythmus gefunden haben, versuchen Sie die Arme etwas stärker mitschwingen zu lassen. Konzentrieren Sie sich darauf, die Arme immer mehr einzusetzen, bis Sie den Stockschwung schließlich bis hinter das Becken ausführen und der Arm dabei völlig ausgestreckt ist. Um die völlige Streckung zu erreichen, denken Sie daran, den Stock beim Zurückführen loszulassen und beim Einsatz vorn wieder fest zu umfassen. Durch diesen »Pumpeffekt« wird der Oberkörper außerdem besser durchblutet, Sauerstoff wird antransportiert und Stoffwechselschlacken abtransportiert. Das wiederum führt zu einer Entspannung der Schulter- und Nackenmuskulatur.

Ist Ihnen der Stockeinsatz in Fleisch und Blut übergegangen, verlängern Sie die Schritte so, dass Sie mit der Ferse beginnen. Rollen Sie über die Fußsohle ab, so dass der Schritt mit einem Vorwärtsschub des Fußballens endet.

Sie merken, wann Sie richtig Nordic walken, wenn Sie:

- Ihren Armeinsatz deutlich spüren und wenn der jeweilige Arm am Ende der Abstoßphase möglichst weit hinter der Hüfte gestreckt ist,
- den Stock nur beim Aufsetzen festhalten. Beim Abstoßen nach hinten sollte Ihre Hand geöffnet sein.

Was man so alles falsch machen kann

Auch wenn Nordic Walking keine schwer zu erlernende Sportart ist – kleine Fehler schleichen sich immer ein. Dadurch wird die Effektivität eingeschränkt und es macht nicht mehr so viel Spaß. Damit Sie gegen Fehler gewappnet sind und sie von vornherein vermeiden können, finden Sie hier einige der häufigsten Probleme und die entsprechenden Korrekturen aufgelistet.

Fehler Nummer 1:
Gerade für Anfänger ist der diagonale Bewegungsablauf in Verbindung mit Stöcken etwas verwirrend. Statt den linken Arm und das rechte Bein nach vorn zu bewegen, werden oft das linke Bein und der linke Arm beziehungsweise das rechte Bein und der rechte Arm nach vorn bewegt. Und je mehr man versucht, sich auf den richtigen Ablauf zu konzentrieren, desto schwieriger wird es.

Fehlerkorrektur:
Wenn Ihnen der Fehler auffällt, fangen Sie einfach an, ganz normal zu gehen, und lassen Sie die Stöcke los, so wie Sie es bei Ihren ersten Schritten gelernt haben. Gewöhnen Sie sich erst eine Weile an den Rhythmus, bevor Sie dann wieder die Arme für den Stockeinsatz benutzen.

Fehler Nummer 2:
Anstatt den Stock beim Abstoß loszulassen, wie es richtig wäre, wird er die gesamte Zeit fest umklammert. Dadurch

kann der Pumpeffekt nicht eintreten, durch den der Oberkörper mit mehr Sauerstoff versorgt wird. Außerdem kann es zu Verspannungen und Verkrampfungen im Nackenbereich kommen.

Fehlerkorrektur:
Konzentrieren Sie sich zunächst auf eine Hand. Umklammern Sie ganz bewusst den Stockgriff fest beim Aufsetzen, und lassen Sie ihn beim Abstoß los. Konzentrieren Sie sich zehn Minuten darauf. Wenn Sie diese Bewegung mit der einen Hand problemlos ausführen können, machen Sie das Gleiche mit der anderen Hand.

Fehler Nummer 3:
Die Arme werden nicht weit genug nach hinten gestreckt, sondern bleiben auf Körperhöhe.

Fehlerkorrektur:
Konzentrieren Sie sich auf die nach hinten gerichtete Armbewegung. Übertreiben Sie ruhig. Wenn der Arm fast völlig nach hinten gestreckt ist, dann machen Sie es richtig.

Fehler Nummer 4:
Die Arme werden statt nahe am Körper zu weit weg vom Körper bewegt.

Fehlerkorrektur:
Führen Sie Ihre Hände durch die Schlaufen der Stöcke, und walken Sie einfach mit geöffneten Händen. Dadurch bekommen Sie ein gutes Gefühl für den richtigen Aufsetzwinkel des Stockes.

Fehler Nummer 5:
Beim Abwärtslaufen wird der Stock vor dem Körper statt hinter dem Körper aufgesetzt. Dadurch kommt es zu einem abrupten Abbremsen des Bewegungsablaufs, die Schulter- und Handgelenke werden unnötig belastet.

Fehlerkorrektur:
Nehmen Sie beim Abwärtsgehen eine Rücklage ein. Machen Sie kleine Schritte, und setzen Sie bewusst die Stöcke hinter dem Körper auf. Sie werden sehen, dass Ihr Bewegungsablauf runder und rhythmischer wird.

Die richtige Ausrüstung

Keine Angst, wenn Sie das Wort Ausrüstung hören. Sie müssen sich nicht wieder neue Schuhe oder ein komplett neues Outfit für mehrere hundert Euro zulegen. Denn das ist das Gute am Nordic Walking: Was Sie brauchen, sind nur ein Paar gute Sportschuhe, bequeme Kleidung und zwei Nordic-Walking-Stöcke. Und dann hindert Sie niemand daran loszulegen!

Die Stöcke

Die speziellen Nordic-Walking-Stöcke – oder auf Englisch: Poles – wurden in Zusammenarbeit von Sportartikelherstellern, Medizinern und Profisportlern entwickelt. Sie bestehen je nach Hersteller aus Fiberglas oder Aluminium und gewährleisten beim Gehen höchste Sicherheit, Leichtigkeit und gute Handhabung. Ein guter Nordic-Walking-Stock ist praktisch unverwüstlich und extrem belastbar. Auch in schwierigem Gelände oder wenn Sie einmal stolpern, brauchen Sie daher keine Angst zu haben, dass der Stock bricht oder sich verbiegt.

Viele Nordic Walker bevorzugen Stöcke aus Fiberglas gegenüber Aluminiumstöcken. Fiberglas hat den Vorteil, dass es sehr leicht und vibrationsarm ist, das heißt, er gibt im Gegensatz zu Aluminium keine Schwingungen an die Arme und Gelenke weiter. Aufgrund seiner Leichtigkeit schwingt er auch besser, das heißt mit weniger Kraftauf-

wand, mit, was besonders beim zügigen Nordic Walking von
Vorteil ist.

> **Tipp:** *Ein Paar Stöcke reicht: Nordic-Walking-Stöcke kön-*
> *nen Sie auch problemlos zum Bergwandern oder zum*
> *Schneeschuhwandern verwenden.*

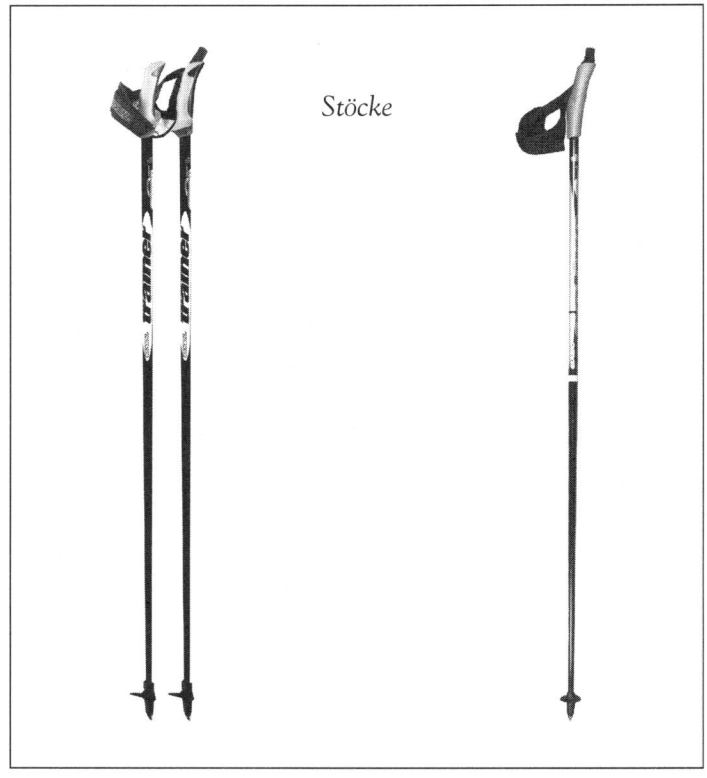

Stöcke

Schlaufe und Griff

Für Nordic Walking sind ein spezielles Handschlaufensystem sowie spezielle Griffe entwickelt worden. Die ergonomisch geformte Handschlaufe kann mit einem individuell anzupassenden Klettverschluss so fixiert werden, dass sie fest sitzt, ohne dabei die Blutzirkulation zu beeinträchtigen. So ist es möglich, den Stock beim Nach-hinten-Stoßen und beim Vorschwingen loszulassen, ohne ihn zu verlieren und ohne zu verkrampfen. Die Hand ist immer in der richtigen Position und hat den Stock stets »fest im Griff«. Eine besondere Konzentration auf das Halten des Stockes ist daher nicht nötig, Sie können sich ganz auf den Rhythmus Ihrer Bewegung konzentrieren, sich mit Ihrem Nordic-Walking-Partner unterhalten oder ganz einfach die Natur genießen.

Stockspitzen und Aufsätze

Die Stockspitze eines guten Nordic-Walking-Stocks besteht aus gehärtetem Stahl und ist für ein besseres Aufsetzen leicht nach hinten gebogen. Wenn Sie ein intensiver Nordic Walker werden wollen, sollten Sie beim Kauf der Stöcke darauf achten, dass die Spitzen austauschbar sind und Sie nicht den ganzen Stock wegwerfen müssen, wenn sie zu stark abgenutzt sind.

Je nach Untergrund ist es außerdem möglich, verschiedene Aufsätze an dem Stock zu befestigen. Spezielle Gummiaufsätze, auch Asphalt-Pads genannt, werden bei hartem, trockenem Untergrund ganz einfach auf das untere Ende des Stockes gesteckt. Die Pads setzen mit ganzer Fläche auf, wodurch sich die Haftung am Boden verbessert und Sie nicht wegrutschen können. Zusätzlich wird der Aufprall gedämpft, was die Gelenke schont. Asphalt-Pads sind lautlos, so dass Ihnen der Spaß am Nordic Walking nicht durch das ständige Klackern des Stockes auf dem Asphalt verdorben wird. Für Wanderungen im Schnee gibt es spezielle Skiteller, die wie die Pads einfach aufgesetzt werden können.

Teleskopstöcke oder durchgängige Stöcke?

Immer wieder wird die Frage gestellt, ob man zum Nordic Walking auch Teleskopstöcke verwenden kann. Teleskopstöcke sind weit verbreitet und werden besonders geschätzt von Wanderern, die die Stöcke einfach zusammenschieben und dadurch bequem im Rucksatz auf ihren Wandertouren transportieren können. Da sich Nordic Walking jedoch gerade in der Intensität des Stockeinsatzes vom Wandern stark unterscheidet, ist es durchaus sinnvoll, die eigens für das Nordic Walking hergestellten Stöcke zu verwenden. Teleskopstöcke bekommen durch das zusätzliche Gelenk, das zum Zusammenschieben der Stöcke nötig ist, mehr Gewicht, wodurch sich der lockere Schwingeffekt verschlechtert. Außerdem kann es Ihnen passieren, dass Teleskopstöcke sich bei zu starkem Aufsetzen verbiegen.

Dennoch müssen Sie Ihre bereits vorhandenen Teleskopstöcke nicht ausrangieren. Wer viel wandert und nur gelegentlich Nordic Walking betreiben möchte, der kann sie durchaus verwenden. Wer Nordic Walking jedoch intensiv ausüben möchte, weil er auf den Geschmack gekommen ist, der sollte die Investition in spezielle Stöcke nicht scheuen. Gute Stöcke sind bereits ab circa 60 bis 70 Euro im Fachhandel zu bekommen. Sie werden schnell am eigenen Leib spüren, dass sich der Kauf lohnt.

Die Stocklänge

Um Ihre individuell optimale Stocklänge zu bestimmen, multiplizieren Sie einfach Ihre Körpergröße mit 0,7. Nordic-Walking-Stöcke werden im Abstand von 5 cm angeboten,

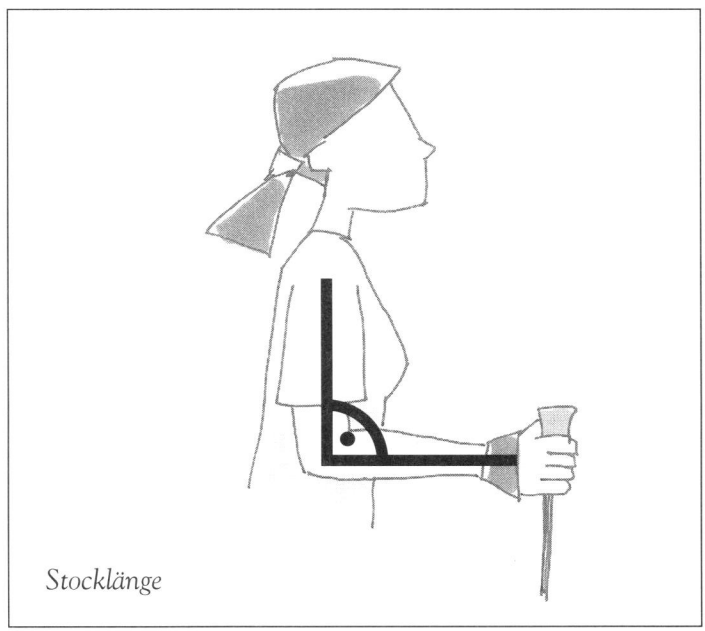

Stocklänge

so dass Ihre individuelle Stocklänge entsprechend auf- oder abgerundet werden kann. Ein Beispiel: Haben Sie eine Körpergröße von 1,65 m (165 cm x 0,7 = 115,5 cm), dann brauchen Sie Stöcke der Länge 115 beziehungsweise 116 cm.

Wenn Sie gerade keinen Rechner zur Hand haben, müssen Sie natürlich nicht auf Nordic Walking verzichten. Stellen Sie sich einfach gerade hin, und halten Sie die Arme so gebeugt, dass Ober- und Unterarm einen Winkel von 90 Grad einnehmen. Mit dieser Haltung sollte der Stock senkrecht den Boden berühren.

Die jeweils verwendete Stocklänge hängt jedoch nicht nur von der Körpergröße der Person ab. Für diejenigen, die hauptsächlich im Gebirge unterwegs sind, ebenso für Anfänger, sind kürzere Stöcke besser geeignet, da diese effektiver nach hinten abgestoßen werden können.

Fortgeschrittene Nordic Walker, die ein intensiveres Training bevorzugen, können längere Stöcke verwenden. Dadurch wird die Schrittlänge erhöht und die Muskulatur besser gestärkt.

Tipp: *Wer von vornherein weiß, dass er regelmäßig Nordic walken möchte, sollte sich überlegen, gleich von Anfang an, etwas längere Stöcke zu kaufen. Sie werden sehen, dass Sie Nordic Walking so rasch erlernen, dass Sie schnell zu den Fortgeschrittenen gehören!*

Die Schuhe

Je nach Wetterlage bieten sich beim Nordic Walking gute Laufschuhe oder leichte Trekkingschuhe an. Mittlerweile gibt es auch spezielle Schuhe für Nordic Walking, die jedoch für den Anfang nicht unbedingt nötig sind. Da beim Nordic Walking die Aufprallkräfte wesentlich geringer sind als beim Joggen, ist auch das Tragen stark dämpfender Schuhe nicht so ausschlaggebend. Trotzdem empfiehlt es sich, sich beim Kauf der passenden Schuhe gut beraten zu lassen und sich genug Zeit zu nehmen. Denn es gibt nichts Schlimmeres, als mit einem schlecht sitzenden und schmerzenden Schuh Sport zu treiben.

Tipps zum Schuhkauf und zur Pflege von Sportschuhen

- Suchen Sie sich ein Fachgeschäft Ihres Vertrauens, in dem Sie gut und kompetent beraten werden.
- Lassen Sie Ihren Fuß von geschultem Personal beurteilen.
- Nehmen Sie sich genug Zeit für den Schuhkauf und testen Sie die Schuhe ausgiebig im Geschäft.
- Denken Sie daran: Zu kurze Schuhe führen zu Blutergüssen unter den Zehennägeln. Da der Fuß bei körperlicher Aktivität leicht anschwillt, sollten Sie den Schuh auch um eine halbe Nummer größer anprobieren und einen Probelauf bergab machen, um herauszufinden, ob er richtig sitzt.
- Bei einem zu weit geschnittenen Mittelfußbereich

rutscht der Fuß ebenfalls nach vorn, besonders wenn Sie bergab gehen. Ständiges Rutschen wiederum führt zur Blasenbildung an der Fußsohle. Das verleidet Ihnen schnell den Spaß am Sport.

- Ist der Schaft zu eng, können die Nervenbahnen abgedrückt werden, der Vorfuß fühlt sich dann taub an.

- Achten Sie außerdem auf genügend Zehenfreiheit, denn eine zu flache Zehenbox kann zu Hühneraugen führen.

- Haben Sie vor, bei Wind und Wetter Nordic Walking zu betreiben? Dann bieten sich wasserfeste Outdoor-Schuhe an, die ein rutschfestes und griffiges Profil haben und im Bereich der Ferse besonders stabil sind.

- Man kann davon ausgehen, dass die Lebensdauer von Sportschuhen zwischen 300 und 2000 km liegt. Wechseln Sie deshalb Ihren Sportschuh rechtzeitig aus. Spätestens wenn sich die Schuhe nach innen neigen, sollten Sie neue kaufen. Alte, schief gelaufene Schuhe können zur Überlastung von Gelenken und zu einer Verschiebung der Fußstellung führen, die sich auf den ganzen Körper auswirkt und Verspannungen auslöst.

- Nehmen Sie unbedingt Ihre alten, abgelaufenen Schuhe zum Neukauf mit. Ein guter Verkäufer kann daraus viele Voraussetzungen erkennen, die das neue Modell bieten sollte.

- Stopfen Sie nasse Schuhe am besten mit Zeitungspapier aus, um sie zu trocknen.

- Laufen Sie nicht mit feuchten Schuhen, denn darunter leidet ihre Lebensdauer.

Es gibt kein schlechtes Wetter

Die richtige Kleidung ist neben dem Laufschuh der zweite wichtige Faktor für das sportliche Training. Da es häufig vorkommt, dass das Wetter plötzlich umschlägt, sollte sie entsprechend anpassungsfähig sein. Ein bekanntes und sehr passendes Sprichwort besagt: »Es gibt kein schlechtes Wetter, nur falsche Kleidung.«

Mit funktioneller Sportbekleidung, die es mittlerweile in jedem guten Sportgeschäft zu kaufen gibt, macht Ihnen das Nordic Walking erst so richtig Spaß.

Früher oder später geraten Sie bei Nordic Walking, wie bei jeder anderen sportlichen Aktivität, ins Schwitzen. Das ist ein ganz natürlicher Vorgang, mit dem der Körper auf Normaltemperatur gehalten wird.

Bis vor nicht allzu langer Zeit wurde zum Sport häufig Baumwollkleidung getragen. Der alte Trainingsanzug wird Ihnen sicher noch in guter Erinnerung sein. Heute ist Baumwolle jedoch selten als Sportbekleidungsmaterial zu finden. Der Grund ist folgender: Tragen Sie Bekleidung aus Naturfasern wie eben Baumwolle, wird die Feuchtigkeit in der Faser aufgenommen. Da Baumwolle Feuchtigkeit nur sehr ungern wieder abgibt (auf der Wäscheleine hängt Baumwolle am längsten), wird der Körper bald mit einer feuchten Schicht umgeben, die nicht nur schwer trocknet, sondern auch ein unangenehmes Kälteempfinden hervorruft. Besonders da, wo die empfindlichen Nieren sitzen, ist das ausgesprochen gefährlich und kann zu gesundheitlichen Schäden führen.

Funktionelle Sportbekleidung hat die Aufgabe, die Feuchtigkeit vom Körper weg zu transportieren und an die Umgebung abzugeben. Dafür wurden spezielle Fasern auf der Basis von beispielsweise Polyester oder Polypropylen entwickelt.

Der größte Vorteil funktioneller Sportbekleidung liegt darin, dass sie die Feuchtigkeit nicht in der Faser aufnimmt, sondern nur an die Fadenoberfläche transportiert.

Aus den äußeren Schichten eines solchen Materials verdunstet die Feuchtigkeit wesentlich schneller als aus einer Naturfaser.

So haben Sie auch bei hoher Belastung stets eine wärmende Luftschicht an der Hautoberfläche, die ein Auskühlen verhindert.

Die Zwiebel als Vorbild

Was machen Sie denn nun, wenn Sie am Vormittag bei schlechtem Wetter losgehen und mittags plötzlich in strahlendem Sonnenschein stehen? Wenn Sie es geschickt angestellt haben, sind Sie nach dem Zwiebelschalensystem angezogen. Beim Zwiebelschalensystem ergänzt eine Schicht immer die jeweils andere. So gekleidet können Sie dem Wetter lächelnd ein Schnippchen schlagen.

Sportunterwäsche: Sie sollte atmungsaktiv sein und den Schweiß rasch vom Körper ableiten, ohne zu kneifen und die Bewegung einzuschränken. Gute funktionelle Unterwäsche hat daher sehr flache Nähte.

Wärmende Zwischenschicht: Sie besteht beispielsweise aus einem leichten Pullover aus Funktionsfasern. Diese Schicht hat die Aufgabe, den von der Unterwäsche produzierten Schweiß weiterzuleiten und durch Luftspeicherung eine wärmende Isolationsschicht zu bilden.

Die äußere Schicht: Geeignet ist als Wind- oder Wetterschutz eine Weste oder eine Jacke. Die äußere Schicht sollte winddicht sein, da Wind der Wärmekiller Nummer 1 ist. Zugleich muss sie eine ausreichende Atmungsaktivität gewährleisten, um den von der Unterwäsche und Zwischenschicht produzierten Wasserdampf weitertransportieren zu können. Falls Sie auch Wert auf die Wasserdichte Ihrer Jacke legen, müssen Sie allerdings Kompromisse eingehen. Wasserdichte Bekleidung ist in der Regel weniger atmungsaktiv und kann die Bewegungsfreiheit einschränken.

Wenn Sie diese drei Schichten gut kombinieren, fühlen Sie sich bei Temperaturen unter null Grad oder bei feuchtem Wetter genauso wohl wie im Sommer bei starker Hitze.

Nützliche Accessoires

Socken
Kaufen Sie sich gute, funktionelle Socken aus Kunstfasern. Gerade bei kaltem und nassem Wetter macht das einen deutlichen Unterschied, da bei Baumwollsocken der Schweiß nur schwer verdunstet. Gute Sportsocken haben eine gute Passform, wärmen und haben keine Nähte, die drücken können. Außerdem sorgen sie durch Gummierung im Fersenbereich für einen guten Halt. Lästiges Scheuern oder Rutschen und Blasenbildung werden so vermieden.

Stirnband oder Mütze
Wussten Sie, dass Sie rund 40 Prozent an Körperwärme über den Kopf verlieren können? Aus diesem Grund ist ei-

ne Mütze an kalten Tagen sicherlich ein sinnvolles Accessoire. Wer Mützen nicht mag, für den ist das Stirnband eine gute Alternative. Es schützt nicht nur vor Zugluft und Kälte, sondern verhindert auch, dass bei starker Hitze Schweiß in die Augen tropft.

Handschuhe

Da viel Körperwärme über die Extremitäten verloren geht, sind dünne Handschuhe ein guter Schutz gegen Auskühlung. Es gibt spezielle Nordic-Walking-Handschuhe, die durch ihre Verarbeitung den Griff an den Stöcken verbessern und besonders für Vielwalker von Vorteil sind.

Als weitere Ausrüstung empfiehlt es sich, bei längeren Nordic-Walking-Touren eine Sportsonnenbrille, eventuell Sonnencreme, etwas zu essen und ausreichend zu trinken dabeizuhaben.

Das richtige Training

Warum machen Sie Nordic Walking? Auf diese Frage hat wohl jeder eine andere Antwort. Weil Sie Ihr Gewicht kontrollieren wollen, weil Sie Ihre allgemeine Fitness verbessern wollen, oder weil Sie Stress abbauen und Ihren Geist und Körper wieder ins Gleichgewicht bringen möchten. Egal wie Ihre Antwort ausfällt – glauben Sie nicht, dass Ihr Training umso effektiver ist, je mehr Sie keuchen und schwitzen. Doch auch wenn Sie gemütlich und lächelnd dahinschreiten, heißt das nicht, dass Ihre Fitness sich nun rasant verbessert. Was also tun?

Die optimale Nordic-Walking-Intensität liegt zwischen einer körperlichen Unterforderung und einer Überforderung. Da das Gefühl von körperlicher Unter- bzw. Überforderung individuell verschieden ist, müssen Sie selbst das richtige Maß für sich herausfinden. Dieses wiederum hängt ab von Ihrer jeweiligen Tagesform, Ihrem momentanen Fitnesszustand und Ihrem Allgemeinbefinden. Das heißt, auch Ihre ganz persönliche Nordic-Walking-Trainingsintensität kann sich laufend verändern. Versteifen Sie sich also nicht auf bestimmte Zeiten oder Trainingsintensitäten, die Sie unbedingt einhalten wollen. Hören Sie lieber auf Ihren Körper. Da Nordic Walking in erster Linie ein gesundheitsorientierter Sport ist, sollten Sie während des Walkens immer in der Lage sein zu sprechen. Können Sie das nicht mehr, ist es sinnvoll, das Tempo ein wenig zu drosseln. Ihr Atem ist ein wichtiges Merkmal dafür, dass Sie innerhalb Ihres gesunden Leistungsniveaus liegen.

Zuerst zum Arzt

Selbst wenn Sie mit Nordic Walking keinen Spitzensport betreiben wollen, ist ein Gesundheitscheck sinnvoll und oft lebensrettend. Durch ein Belastungs-EKG beim Arzt können Sie auf Nummer Sicher gehen. Eine Herzmuskelschwäche, ein angeborener Herzfehler oder eine verschleppte Virusinfektion können somit frühzeitig erkannt und entsprechend behandelt werden. Unentdeckte Krankheiten stellen ein hohes gesundheitliches Risiko dar.

Es gibt eine Reihe von Risikofaktoren, die einen Gesundheitscheck am Anfang des Fitnesstrainings notwendig machen. Gehen Sie zum Arzt, wenn Sie:

- über 30 Jahre alt sind und noch nie bei einer Gesundheitsuntersuchung waren.
- schon einmal wegen einer Herzerkrankung in Behandlung waren.
- einen Verwandten ersten Grades haben, der vor seinem 55. Lebensjahr einen Herzinfarkt erlitten hat.
- an Bluthochdruck, Diabetes oder erhöhtem Cholesterinwert leiden.
- sich oft schlapp und im Alltag wenig belastungsfähig fühlen.
- häufig erkältet sind.
- unter ständigen Rücken-, Knie- oder Hüftschmerzen leiden.
- starkes Übergewicht haben.

Bei der ärztlichen Untersuchung werden Sie auf einem Fahrrad-Ergometer bis zu Ihrer Leistungsgrenze belastet, so dass Ihre Herz-Kreislauf-Fitness ermittelt werden kann. Gibt der Arzt grünes Licht, steht Ihrer sportlichen Aktivität nichts mehr im Weg.

Herzfrequenz und Herzfrequenzmesser

Das wichtigste Merkmal für die Intensität eines Trainings ist die Herzfrequenz oder umgangssprachlich der Puls. Die Herzfrequenz zeigt die Blutmenge an, die Ihr Herz pumpt. Je höher sie ist, desto mehr Energie braucht der Körper, um das Blut zu pumpen. Sie ist ein Maß für die Effizienz Ihres ganzen Körpers. Zwei Methoden gibt es, die Herzfrequenz zu bestimmen, eine manuelle und eine elektronische. Bei der manuellen Ermittlung der Herzfrequenz werden die Finger zehn Sekunden lang auf eine Arterie der Handgelenksinnenseite gelegt, die Schläge gezählt und anschließend mit sechs multipliziert. Diese Methode ist jedoch sehr ungenau, vor allem bei Menschen, die mit dieser Messung nicht vertraut sind. Am einfachsten und vor allem wesentlich genauer lässt sich die Herzfrequenz mit den heute gängigen Herzfrequenzmessern bestimmen. Die drahtlosen elektronischen Geräte bestehen aus einem Brustgurt und einem Monitor, den man als Uhr am Handgelenk trägt. Herzfrequenzmesser messen sehr genau die Anzahl der Herzschläge pro Minute und können unterschiedlich programmiert werden. Die Möglichkeiten gehen von der Einstellung von Warnsignalen beim Über- oder Unterschreiten der Zielvorgabe über die Bewertung von Kalorienverbrauch und Fettverbrennungsanteil bis zur Messung von Höhe und Temperatur – was für bergorientierte Nordic Walker von Interesse sein kann.

Die Geräte kosten je nach Ausstattung zwischen 100 und 300 Euro und sind bequem im Handel erhältlich. Egal ob Einsteiger oder Sportfex – ein Herzfrequenzmesser ist in jedem Fall eine gute Investition. Gerade bei Einsteigern ist die Herzfrequenzmessung in jedem Fall sehr sinnvoll. Dadurch lernen Sie Ihren Körper und seine Reaktionen auf Belastung kennen und können Überbelastungen vermeiden.

Die maximale Herzfrequenz (MHF)

Unter der maximalen Herzfrequenz versteht man diejenige Herzfrequenz, bei der eine Steigerung der Belastungsintensität zu keinem weiteren Herzfrequenzanstieg führt. Der Wert der maximalen Herzfrequenz entspricht der maximalen Häufigkeit, mit der sich das Herz in einer Minute zusammenziehen kann. Dieser Wert kann nicht gesteigert werden, er ist genetisch festgelegt. Er kann jedoch altersbedingt abnehmen.

Die Bestimmung der MHF mittels der so genannten »altersangepassten Formel« ist eine einfache Art, Ihre eigene Trainingsintensität mit einiger Genauigkeit zu bestimmen.

Die altersangepasste Formel nach Empfehlung der American Heart Association lautet:
Frauen: 226 minus Lebensalter = MHF
Männer: 220 minus Lebensalter = MHF

Für eine 35-jährige Frau wird die MHF also folgendermaßen berechnet:
226 minus 35 = 191 Schläge pro Minute

Die Werte 220 und 226 scheinen die genauesten Annäherungen an die durchschnittlichen MHF-Werte von Männern und Frauen zu sein, misst man die Herzfrequenz *nach* der Pubertät. Bei Kindern gilt diese Regel nicht.

Durch die altersangepasste Formel erhalten Sie einen relativ guten Anhaltspunkt für Ihre Herzfrequenz. Dennoch handelt es sich nur um einen groben Annäherungswert. Empirische Daten haben gezeigt, dass es bei verschiedenen Menschen starke Abweichungen nach oben und nach unten gibt. Wenn Sie sich also an den empfohlenen Richtwerten für Ihr Training orientieren, aber das Gefühl haben, über- oder unterfordert zu sein, dann vergessen Sie die Formel und trainieren Sie so, wie es Ihnen angenehm ist. Wenn Sie ganz sicher gehen wollen und Ihre genaue MHF bestimmen wollen, müssen Sie zu einem Arzt oder Sportphysiologen gehen.

Messen Sie Ihre Fitness

Wollen Sie sich einen raschen Überblick über Ihren Trainingszustand verschaffen, messen Sie einfach Ihre Ruheherzfrequenz oder umgangssprachlich Ihren Ruhepuls. Je höher Ihre Fitness ist, desto geringer ist nämlich Ihr Ruhepuls. Legen Sie sich morgens unmittelbar nach dem Aufwachen und noch vor dem Aufstehen Ihr Herzfrequenzmessgerät um, und lesen Sie dann den Wert ab. Nehmen Sie diese Messung sieben Tage lang vor, und bilden Sie dann einen Mittelwert. Dieser Wert entspricht Ihrem aktuellen Ruhepuls.

Die Ruheherzfrequenz kann von Person zu Person sehr unterschiedlich sein. Sie kann bei Menschen gleicher Größe, gleichen Gewichts und gleichen Alters erheblich variieren. So haben gut trainierte Menschen oft einen Ruhepuls von unter 40 Schlägen pro Minute, untrainierte Menschen können sogar unter Umständen auf über 100 Schläge pro Minute kommen.

Auch kann Ihr Ruhepuls verschiedenen Einflüssen unterliegen. Damit Sie einen kleinen Anhaltspunkt haben, orientieren Sie sich an folgenden Zahlen: 70 Schläge pro Minute oder darunter sind normal. Liegt Ihr Ruhepuls jedoch bei 80 Schlägen oder mehr, kann das möglicherweise auf eine versteckte Krankheit, Stress oder Übermüdung hinweisen. Suchen Sie sicherheitshalber einen Arzt auf. Unter 50 Schlägen haben Sie einen Topwert.

Eine weitere Möglichkeit, die Fortschritte Ihrer Fitness zu messen, ist die Ermittlung der Erholungsherzfrequenz. Dazu messen Sie unmittelbar nach einer hohen Belastung Ihre Herzfrequenz und dann nach einer Minute noch einmal. Die Differenz aus diesen beiden Messungen ist der Anhaltspunkt für die Verbesserung Ihres Trainingszustandes.

Je schneller die Herzfrequenz nach einer Belastung abfällt, desto besser trainiert ist Ihr Herz.

Ein kleiner Anhaltspunkt: *Liegt die Differenz zwischen 30 bis 50 Schlägen, ist Ihr Trainingszustand gut bis sehr gut. Kommen Sie auf weniger als 30 Schläge, können Sie mit Ihrem Training ruhig noch ein bisschen zulegen.*

Die verschiedenen Herzfrequenzzonen

Trainieren heißt: belasten und erholen. Auf jeden Trainingsreiz reagiert der Körper mit bestimmten Gegenmaßnahmen. Das heißt, er versucht die nächste Belastung besser zu bewältigen. Sind Training und Erholung richtig dosiert, findet eine Kompensation statt. Das bedeutet, dass der jeweilige Ausgangswert nach der Erholung etwas über den Ausgangswert des vorherigen Trainings hinausgeht. Durch diesen Vorgang kann der Körper die neuen Trainingsreize besser verkraften, der Körper wird stetig belastbarer. Je nach Fitnesszustand und nach Trainingsbedarf gibt es insgesamt fünf verschiedene Herzfrequenzzonen mit unterschiedlichen Trainingsintensitäten:
die Gesundheitszone
die Fettverbrennungszone
die Fitnesszone
die aerob-anaerobe Schwellenzone
die Warnzone

Die Gesundheitszone

Das Training in der Gesundheitszone ist die Grundlage für alle weiteren Trainingssteigerungen. Sie reicht von 55 bis 65 Prozent der maximalen Herzfrequenz. Auch wenn Gesundheitszone für so manchen nach »Lahmzone« klingt, tun Anfänger gut daran, in dieser Zone einzusteigen. Der Körper kann sich langsam an die neue Belastung gewöhnen, ohne überfordert zu werden. Die körperliche Belastung in diesem Bereich ist dennoch ausreichend, um Ihr Herz-Kreislauf-System zu stärken, was sich auf Ihr Wohlbefinden auswirkt. Auch Ihr Immunsystem wird stabilisiert. Was die Belastung betrifft, ist das Training in dieser Zone eher entspannt und leicht. Ihre Gesundheitszone finden Sie, indem Sie Ihre MHF errechnen und diesen Wert mit 55 Prozent multiplizieren. So erhalten Sie den unteren Wert der Zone. Multiplizieren Sie Ihre MHF mit 65 Prozent, erhalten Sie den oberen Wert der Zone.

Beispiel (mit einer maximalen Herzfrequenz von 190 Schlägen pro Minute):
MHF 190 x 0,55 = 104,5 Schläge pro Minute
MHF 190 x 0,65 = 123,5 Schläge pro Minute

Die Fettverbrennungszone

Die Fettverbrennungszone reicht von 65 bis 75 Prozent Ihrer MHF. In dieser Zone werden vorwiegend Kalorien aus dem Körperfett verbrannt. Der Name Fettverbrennungszone ist allerdings etwas verwirrend, da er suggeriert, dass nur in dieser Zone Fett verbrannt wird. Er bedeutet jedoch vielmehr, dass der Prozentsatz an Fettkalorien im Verhältnis zum Gesamtkalorienverbrauch in dieser Zone am höchsten ist. Doch dazu später mehr.

In dieser Trainingszone wird das Herz so belastet, dass es ein kontinuierliches Ausdauertraining besser durchsteht. Aus diesem Grund wird dieses Training umso effektiver, je mehr Sie es zeitlich in die Länge ziehen und je kontinuierlicher Sie trainieren. Nordic Walking ist eine gute Sportart, um in dieser Zone zu trainieren.

Ihre Fettverbrennungszone wird genauso berechnet wie die Gesundheitszone: Beispiel:

MHF 190 x 0,65 = 123,5 Schläge pro Minute
MHF 190 x 0,75 = 142,5 Schläge pro Minute

Die Fitnesszone

Die Fitnesszone liegt zwischen 75 und 85 Prozent der MHF. Trainieren Sie innerhalb dieser Zone, verbessern Sie die Fähigkeit des Körpers, Sauerstoff zu den sportaktiven Muskeln zu transportieren und Kohlendioxid abzutransportieren. Trainieren Sie regelmäßig in diesem Bereich, wird sich Ihre Geschwindigkeit bei Nordic Walking erhöhen, während sich Ihr Energieaufwand verringert. Herz und Lunge werden gestärkt, die körperliche Leistungsfähigkeit spürbar erhöht.

Im Gegensatz zu den beiden anderen Herzfrequenzzonen werden Sie diesen Trainingsbereich als anstrengend oder eventuell als hart empfinden. Allerdings sollten Sie nicht das Gefühl von Erschöpfung spüren.

Berechnung der Fitnesszone (Beispiel):
MHF 190 x 0,75 = 142,5 Schläge pro Minute
MHF 190 x 0,85 = 161,5 Schläge pro Minute

Die aerob-anaerobe Schwellenzone und die Warnzone

Die aerob-anaerobe Schwellenzone liegt zwischen 85 und 95 Prozent Ihrer MHF. In der Schwellenzone trainieren Sie, im Gegensatz zu den drei erstgenannten, die im aeroben Bereich liegen, an der Grenze zum anaeroben Bereich. Dieses Training geht einher mit erschöpften Muskeln, Schmerzen, schwerer Atmung und Müdigkeit, ermöglicht Ihnen aber auf Dauer mehr Leistung bei niedrigerer Herzfrequenz. Dieser Bereich ist interessant für Hochleistungssportler. Wer »nur« fit sein und bleiben möchte, muss in dieser Trainingszone nicht trainieren. Die Warnzone liegt bei fast 100 Prozent Ihrer MHF und ist die intensivste Trainingszone. Sie trainieren komplett im aeroben Bereich, das heißt in einem Bereich, in dem die Muskeln mehr Sauerstoff verbrauchen, als der Körper zur Verfügung stellt. Da das Training in dieser Zone extrem anstrengend ist, sollte er nur von Sportlern durchgeführt werden, die Höchstleistungen erbringen müssen.

Tipp: *Anstelle der Herzfrequenzmessung kann die Trainingsintensität gefühlsmäßig mit Hilfe einer Empfindungsskala bestimmt werden:*
1 leicht = sitzen
2 leicht anstrengend = betontes Atmen
3 anstrengend = beschleunigtes Atmen, Sprechen noch möglich
4 sehr anstrengend = schwere Atmung, Sprechen fast nicht mehr möglich
5 erschöpfend = völlig außer Atem, Verkrampfung

Die Intensität für Nordic Walking in der Gesundheitszone liegt zwischen Stufe 2 und 3. Sie ist ideal für Anfänger und Wiedereinsteiger und für lange Trainingseinheiten mit einer Dauer von mehr als einer Stunde.

Die Intensität für Nordic Walking im Fitnessbereich liegt zwischen Stufe 3 und 4.

Diese ist ideal für geübte Walker und für kürzere Trainingseinheiten unter einer Stunde.

Die Karvonen-Formel

Eine weitere und etwas kompliziertere Messung der eigenen Trainingsintensität ist die so genannte Karvonen-Formel. Diese Methode verwendet die Herzfrequenzreserve, also die Differenz zwischen maximaler Herzfrequenz und der Ruheherzfrequenz.

Berechnung:

Trainingsherzfrequenz (THF) = Ruheherzfrequenz (RHF) + [(max. Herzfrequenz (MHF) − Ruheherzfrequenz (RHF)) x % der Intensität]

% der Intensität = 0,55 % bis 0,65 % in der Gesundheitszone bzw. 0,75 bis 0,85 in der Fitnesszone

---

Beispiel: Die Trainingsfrequenz für eine Intensität von 0,75 % bei einem Ruhepuls von 70 und einer MHF von 190 wird folgendermaßen errechnet:

THF = 70 + [(190 − 70) x 0,75]
THF = 70 + (120 x 0,75)
THF = 70 + 90
THF = 160 Schläge/min

Der Laktattest

Wer ganz genau wissen will, wie es mit seiner Leistung steht, für den ist eventuell ein Laktattest von Nutzen. Das Ziel dieses Tests ist die Bestimmung der Ausdauerleistungsfähigkeit. Hierfür macht sich der Test eine spezielle Eigenschaft des menschlichen Körpers zunutze: Bei körperlichen Belastungen produziert der Körper Laktat, das ist ein Salz der Milchsäure. Die Konzentration von Laktat im Blut hängt im Wesentlichen von der Sauerstoffversorgung der arbeitenden Muskulatur ab und von der Fähigkeit des Körpers, anfallendes Laktat möglichst schnell wieder auszuscheiden. Je geringer die Sauerstoffzufuhr der Muskulatur ist, desto höher steigt der Laktatwert im Blut. Der Punkt, bei dem das produzierte Laktat gerade noch vom Körper abgebaut werden kann, nennt man anaerobe Schwelle. Wird die anaerobe Schwelle überschritten, kann das produzierte Laktat nicht mehr schnell genug vom Körper beseitigt werden, und die Laktatwerte steigen im Blut stark an.

Haben Sie nun eine gute Ausdauer, erreichen Sie die anaerobe Schwelle später, das heißt bei einer höheren Trainingsintensität. Die anaerobe Schwelle ist erreicht, wenn bei der Testperson eine Konzentration von ungefähr 4 Millimol Laktat pro Liter Blut vorhanden ist. Dieser Wert wurde wissenschaftlich festgelegt.

Durchgeführt wird der Laktattest meistens auf dem Laufband, auf dem Radergometer oder im Freien. Bei ansteigenden Laufgeschwindigkeiten wird der Testperson regelmäßig ein Tröpfchen Blut abgenommen, meistens aus dem Ohrläppchen oder aus der Fingerkuppe. Daraus wird die Laktatkonzentration ermittelt. Dieser Test ist die genaueste, jedoch auch sehr aufwändige Art, die Leistung zu bestimmen.

Der 2-Kilometer-Walking-Test

Das finnische UKK-Institut entwickelte einen Walking-Test mit der Zielsetzung, die Leistungsfähigkeit gesunder erwachsener Personen zu messen. Dabei wird eine 2 Kilometer lange, flache Strecke möglichst rasch in gleichmäßigem Gehtempo bewältigt. Laufen ist dabei nicht erlaubt. Gemessen werden die Herzfrequenz am Ende und die Gehzeit. Studien des UKK-Instituts belegen, dass der Zwei-Kilometer-Walking-Test für alle Personen zwischen 20 und 65 Jahren geeignet ist, die nicht ernsthaft krank sind, nur mäßig übergewichtig sind und bei denen keine Einschränkungen für schnelles Gehen bestehen. Personen über 65 Jahre können den Test durchführen, wenn sie gesund sind und regelmäßig trainieren. Besonders für Sportanfänger und für Übergewichtige ist der Test gut geeignet, um herauszufinden, wie es um die körperliche Leistung bestellt ist. Bei Kindern soll der Test jedoch nicht angewandt werden. Der Walking-Test sollte, wenn möglich, von ausgebildeten Trainern durchgeführt werden; mittlerweile gibt es aber einen Herzfrequenzmesser, der die eigenständige Auswertung des Testes möglich macht.

Informationen zum 2-Kilometer-Walking-Test können Sie sich vom UKK-Institut zukommen lassen unter www. ukkinstituutti.fi/index_en.html.

Abnehmen ja – aber wie funktioniert's?

Viele Menschen betreiben Ausdauersport nicht nur, um ihre Fitness zu verbessern, sondern auch, um überzählige Pfunde zu verlieren. Es ist richtig, dass keine andere Sportart die Pfunde so schnell purzeln lässt wie Ausdauertraining – allerdings halten sich auch hier standhaft einige Mythen, mit denen besser aufgeräumt werden sollte.

Das Märchen von der Fettverbrennungszone und andere Mythen

Immer wieder wird von der richtigen Herzfrequenz für das Fettabbautraining gesprochen. Diese als optimal dargestellte Formel liegt im Bereich zwischen 65 und 75 Prozent der maximalen Herzfrequenz und suggeriert, dass man am meisten abnimmt, wenn man sich nur in dieser Herzfrequenzzone bewegt. Obwohl sich dieser Glaube hartnäckig hält, ist es leider ein Irrglaube.

Die richtige Herzfrequenz beim Fettabbautraining ist, wenn überhaupt, höchstens von drittrangiger Bedeutung. Viel wichtiger sind Häufigkeit und Dauer der sportlichen Aktivität sowie die entsprechende Ernährung.

Bei jeder sportlichen Aktivität werden sowohl freie Fettsäuren als auch Kohlenhydrate verbrannt, egal ob bei niedriger oder bei hoher Intensität.

Wie bereits erwähnt, ist jedoch beim Ausdauertraining mit relativ geringer Intensität, wie eben in der Fettverbrennungszone, der prozentuale Anteil der Fettverbrennung im Verhältnis zur Verbrennung von Kohlenhydraten an der Energiebereitstellung am höchsten.

Das wiederum bedeutet nicht, dass für die Gewichtsabnahme ein Ausdauertraining mit geringer Intensität generell am besten geeignet ist oder sogar ein Ausdauertraining mit höherer Intensität vermieden werden müsste.

Ein Beispiel macht das klar: Das langsamere Laufen im Bereich der Fettverbrennungszone mit einer Herzfrequenz von circa 65 Prozent der maximalen Herzfrequenz bedeutet, dass ungefähr 70 bis 80 Prozent der Energie aus der Fettverbrennung und 20 bis 30 Prozent der Energie aus der Kohlenhydratverbrennung stammen. Der Energieumsatz beträgt insgesamt um die 8 Kalorien pro Minute, das heißt, circa 6 Kalorien pro Minute kommen aus der Verbrennung freier Fettsäuren.

Laufen Sie hingegen im Bereich der Fitnesszone mit einer Herzfrequenz von 75 bis 85 Prozent, haben Sie einen deutlich höheren Energieumsatz, nämlich 16 bis 18 Kilokalorien pro Minute. Die Energie wird hier jedoch zu etwa jeweils 50 Prozent aus Fettverbrennung und Kohlenhydratverbrennung bereitgestellt. Das heißt, es werden pro Minute um die 8 bis 9 Kalorien aus Fett verbrannt, ebenso viele aus Kohlenhydraten.

Dieses Beispiel zeigt deutlich, dass durch die erhöhte Trainingsintensität im gleichen Zeitraum um ein Viertel bis ein Drittel mehr Fett verbrannt wird. Wer also mit der Zielsetzung der Gewichtsreduktion sportelt, für den ist der Gesamtkalorienverbrauch wichtig, und nicht, wie viele Fettsäuren verbrannt werden!

Ob man beim Training Energie aus Fett gewinnt oder nicht, sagt noch nichts darüber aus, ob man sein Körperfett reduziert. Das wird sich nur dann reduzieren, wenn die Energiebilanz negativ ist; d. h., wenn der tägliche Energieverbrauch höher ist als die Energiezufuhr. Bei einer negativen Energiebilanz holt sich der Körper die fehlende Energie aus dem Körperfett. Wenn Sie 1 Kilogramm Körperfett pro Monat abbauen möchten, müssen Sie circa 7000 Kilokalorien einsparen. Bei einem täglichen Energieminus von nur 250 Kilokalorien bedeutet das immerhin ein Kilo im Monat. Und das schaffen Sie auf lässige Art und Weise durch regelmäßiges Nordic Walking, das Ihren Grundumsatz nach oben treibt und durch die richtige Ernährung. Ein großes Plus für Nordic Walking als Ausdauersportart: Es steigert den Kalorienverbrauch im Verhältnis zum Walken ohne Stöcke um mindestens 20 Prozent und ist somit das optimale Training zur Gewichtsreduktion.

Beim Sport zählen jedoch nicht nur die Kalorien, die verbrannt werden. Das Training aktiviert den Stoffwechsel, so dass der Körper auch danach noch eine ganze Zeit mehr Kalorien als üblich verbrennt. Dieser Nachbrenneffekt hilft ganz erheblich beim Abnehmen. Regelmäßiger Sport erhöht zudem auch die Muskelmasse des Körpers.

Da Muskeln mehr Energie verbrauchen als das übrige Körpergewebe, erhöht sich der tägliche Energieverbrauch des Körpers. Sie sehen also: Die Tatsache, dass Sie durch Sport abnehmen, hängt nicht nur von Ihrer Trainingsintensität ab.

Ein weiterer Mythos, der sich hartnäckig hält, ist die These, dass die Fettverbrennung erst nach 30 Minuten einsetzt. Der Körper hat aber keinen Schalter, der nach einer gewissen Zeit von einer Energiegewinnung auf eine andere umschaltet. Vielmehr verbrennen Sie bei jeder Aktivität auch Fett.

Wie viel, das hängt ausschließlich davon ab, wie intensiv und regelmäßig Sie sporteln. Als Faustregel zur effektiven Fettverbrennung gilt: *Wer wenig Zeit aufwenden möchte, soll so intensiv wie möglich trainieren, um ausreichenden Kalorienverbrauch zu erzielen. Wer mehr Zeit hat, kann weniger intensiv, dafür aber länger trainieren.*

So trainieren Sie am besten

Für ein regelmäßiges Ausdauertraining sollten Sie zwei- bis dreimal pro Woche trainieren. Gesundheitsorientiertes Nordic Walking ist auf eine aerobe Leistung ausgerichtet, das heißt, dem Körper wird durch die Atmung genügend Sauerstoff für die Energiegewinnung zur Verfügung gestellt. Das entspricht einer Belastungsintensität von etwa 55 bis 85 Prozent.

Beginnen Sie am Anfang ganz langsam. Starten Sie mit Ihrer Spaziergang-Geschwindigkeit. Ziel ist es, mindestens 20 Minuten ohne Pause durchzuhalten. Durch die zusätzlichen Armbewegungen reicht die Belastung häufig schon aus. Falls Sie sich unterfordert fühlen, können Sie die Geschwindigkeit etwas steigern. Sobald Sie aus der Puste kommen, reduzieren Sie die Geschwindigkeit rechtzeitig so, dass Sie nicht stehen bleiben müssen. Wenn es geht, sollten

Sie es vermeiden, eine Pause zu machen. Es sei denn, Sie fühlen sich nicht wohl, oder Sie haben Seitenstechen. Das primäre Ziel ist es jedoch, am Anfang 20 Minuten ohne Pause zu walken. Haben Sie das geschafft, können Sie sich langsam steigern.

Am besten eignet sich für ein ausgewogenes Nordic-Walking-Training ein Mischtraining, bei dem Sie einmal lange, eher gemäßigte Nordic-Walking-Touren unternehmen, dann wieder kürzere, aber dafür intensivere. Am Anfang ist es sinnvoll, lieber länger als schneller zu walken. Der Körper muss auf größere Belastungen langsam vorbereitet werden. Mit zunehmender Trainingspraxis sind Sie in der Lage, auch in höheren Intensitäten zu trainieren.

Durch ein anfangs gemäßigtes Nordic Walking wird eine Verbesserung der Sauerstoffversorgung des Gewebes erreicht und somit ein höherer Fettumsatz, der dann wiederum bei kürzeren Trainingsphasen zum Tragen kommt.

Da ein längeres Training oft einem Mangel an Zeit zum Opfer fällt, können Sie also an Tagen, an denen Ihnen weniger Zeit zur Verfügung steht, einfach weniger lang, aber dafür in einer höheren Herzfrequenzzone walken. Für einen effektiven Kalorienverbrauch und damit auch eine effektivere Fettverbrennung sollte die Belastung aber zumindest 20 Minuten gehalten werden können. Je regelmäßiger und länger Sie trainieren, desto länger sollte die Belastungsdauer sein.

**Vorschlag für ein
Nordic-Walking-Trainingsprogramm:**

Woche	1 bis 8	9 bis 16	17 bis 24	25 bis 32
Trainingspuls-frequenz	60 % der MHF	60 % der MHF	75 % der MHF	80 % der MHF
Trainingszeit (in Minuten)	15 bis 30	30 bis 45	45 bis 60	60
Trainings-einheiten/ Woche	1	2	2 bis 3	3 bis 4

Richtig atmen

»Je freier man atmet, desto mehr lebt man«, das wusste schon Theodor Fontane. Zwar würde man meinen, dass das Atmen doch nicht allzu schwer sein kann, praktizieren wir es immerhin schon seit unserer Geburt. Dennoch schleichen sich über die Jahre oft schlechte Angewohnheiten ein, die unser Wohlbefinden beeinträchtigen können.

Unsere Atmung ist etwas, was uns unser gesamtes Leben begleitet. Was auch immer wir gerade tun, wir atmen dabei. In der Regel wird dem Atmen wenig Beachtung geschenkt, schließlich funktioniert es wunderbar, ohne dass wir uns auf den Atemvorgang konzentrieren müssen. Erst wenn das Atmen durch Krankheit erschwert ist, wird uns bewusst, wie lebensnotwendig es ist. Schon in viel früherer Zeit war vielen Völkern bekannt, dass Atmen einen wichtigen Einfluss auf Gesundheit und Wohlfühlen hat. So gehört beispielsweise nach buddhistischer Lehre die Konzentration auf den Atem zur täglichen Meditationspraxis. Aber auch der Westen beschäftigte sich mit der Atempraxis, so beispielsweise der Arzt Wilhelm Reich, der gezielt tiefes Atmen einsetzte, um bei seinen Patienten körperliche und seelische Blockaden zu lösen.

Die Anatomie des Atmens

Die Atmung gehört zusammen mit dem Blut zu den zwei Transportsystemen des Herz-Kreislauf-Systems.

Wenn Sie einatmen, gelangt die Luft zunächst in die Nase. Die dort befindlichen Blutgefäße sorgen dafür, dass die Atemluft so vorgewärmt wird, dass sie die Lunge in der richtigen Temperatur erreicht. Die Schleimhaut in der Nase hält die mit der Atemluft eingeatmeten Schmutzpartikel fest und sorgt dafür, dass sie auf dem schnellsten Weg über Verdauung oder Nase ausgeschieden werden.

Über Kehlkopf und Luftröhre gelangt die Luft in die Bronchien, wo sich die Lungenbläschen befinden.

Dort findet der Gasaustausch zwischen Luft und Blut statt. Kohlendioxid wird an die Atemluft abgegeben, während Sauerstoff vom Blut aufgenommen wird, das dann die Zellen versorgt.

Damit die Lungenbläschen ständig mit frischer, sauerstoffreicher Atemluft versorgt werden, muss sich der Brustkorb bei Erwachsenen circa 15-mal und bei Kindern circa 25-mal pro Minute ausdehnen. Dieser Vorgang wird als *äußere Atmung* bezeichnet.

Diesem Prozess steht die zugleich ablaufende *innere Atmung* gegenüber. Körperzellen nehmen den Sauerstoff aus dem Blut auf und geben Kohlensäure ins Blut ab. In den Zellen findet mit Hilfe des Sauerstoffs ein Verbrennungsprozess statt, bei dem Energie freigegeben wird. Nahrungsstoffe werden aufgespalten, Kohlendioxid und Wasser werden abgegeben.

Die Atmung ist folglich ein Energie spendender Vorgang, ohne den der Organismus nicht lebensfähig wäre. Je bewusster und aufmerksamer Sie atmen, desto mehr Sauerstoff nehmen Sie auf, desto mehr Energie kann der Körper bereitstellen. Bewusstes Atmen kurbelt nicht nur den Kreislauf und den Stoffwechsel an, es wirkt auch ausgleichend auf das Nervensystem.

Falsches Atmen und die Ursachen

Tatsächlich atmen die meisten Menschen zu flach und zu hastig. Sie schieben lediglich verbrauchte Luft in ihren Atemwegen hin und her, so dass Lunge und Blutkreislauf in Folge ungenügend mit Sauerstoff versorgt werden. Ein Beispiel macht das deutlich: Das Lungenfassungsvermögen eines Untrainierten beträgt 1,5 bis 3 Liter. Ein Ausdauersportler kommt auf die doppelte Menge, nämlich auf 5 bis 6 Liter!

Gewebe und Organe werden bei flacher Atmung schlechter durchblutet, was wiederum den Zellstoffwechsel und die Immunabwehr beeinträchtigt. Die Folge: Sie werden anfällig für Krankheiten, leiden schneller an Kopfschmerzen, werden rascher müde. Außerdem hat der Sauerstoffmangel einen negativen Einfluss auf Stimmung und Denkfähigkeit. Viele Menschen schwören daher darauf, dass ihnen nicht vor dem Computer, sondern beim Laufen oder Wandern im Freien die besten Ideen kommen. So komisch es auch klingen mag, aber mit einer einstündigen Nordic-Walking-Tour im Grünen geben Sie Ihrem Körper eine regelrechte Sauerstoffdusche und spornen dabei Ihre »grauen Zellen« zu mehr Denkarbeit an.

Die Hauptursache für falsches Atmen ist meistens Stress. Je hektischer Sie leben, und je weniger Verschnaufpausen Sie sich gönnen, desto größer ist die Gefahr einer falschen Atemtechnik.

Aber auch Bewegungsmangel führt zu einer Verkrampfung der Atemmuskulatur. Wer den ganzen Tag vor dem

Computer sitzt und sich auch nicht nach draußen bewegt, dem fehlt frische Atemluft. Enge Kleidung tut dann ihr Übriges, um ein gesundes Durchatmen zu verhindern.

Durch regelmäßiges Nordic Walking werden die Atmungsorgane dazu gebracht, mehr Luft in die Lunge zu atmen. Wie viel Sauerstoff dabei aufgenommen werden kann, ist von der Größe des Herzens, der Lunge und der Fähigkeit des Blutes abhängig, diese Sauerstoffmenge zu transportieren. All diese Komponenten sind jedoch trainierbar.

Normalerweise atmen die meisten Menschen mit der Brustatmung. Dabei wird der Brustkorb gebläht, die Schultern hoch- und der Bauch eingezogen. Diese Atmung bringt jedoch relativ wenig Sauerstoffumsatz, da sie in der Regel sehr flach ist. Wesentlich besser ist die Zwerchfell- oder umgangssprachlich Bauchatmung. Hier hebt sich die Bauchdecke leicht und senkt sich sanft. Neben der Bewegung der Bauchmuskulatur wird bei dieser Form der Atmung auch die Brustkorbmuskulatur aktiviert, der Atem kann frei durch den Körper fließen, die Muskulatur wird genügend mit Sauerstoff versorgt. Außerdem wird die Wirbelsäule trainiert, da sie beim Einatmen gestreckt und beim Ausatmen zusammengezogen wird.

Tipp: *Um die Zwerchfellatmung zu üben, legen Sie sich einfach auf den Rücken, mit einem größeren Buch, am besten einem Telefonbuch, auf dem Bauch. Strecken Sie jetzt beim Einatmen den Bauch bewusst nach oben, und ziehen Sie ihn beim Ausatmen zusammen. Ob Sie es richtig machen, sehen Sie an der Bewegung des Telefonbuchs.*

Während die Brustatmung ganz unbewusst geschieht, muss die Zwerchfellatmung normalerweise geübt werden. Sportliche Betätigung ist eine gute Übung, um sich diese Form der Atmung bewusst zu machen.

Richtiges Atmen beim Nordic Walking

Holen Sie im Rhythmus Ihrer Nordic-Walking-Schritte Luft, und atmen Sie dabei durch die Nase ein. So gelangt die Luft bereits vorgewärmt, angefeuchtet und gesäubert in die Bronchien. Probieren Sie so lange, bis Sie einen Atemrhythmus gefunden haben, der Ihnen angenehm ist, dann wird sich Ihre Atmung ganz natürlich auf die sportliche Anstrengung einstellen.

Sie können zum Beispiel drei Schritte einatmen und bei den nächsten drei Schritten ausatmen. Oder vier Schritte – es gibt keine starren Vorgaben, auch hier gilt wieder, dass Sie auf Ihren Körper hören sollten.

Bei größerer Anstrengung werden Sie automatisch die Mundatmung zu Hilfe nehmen, um genügend Sauerstoff einzuatmen. Sollten Sie dennoch außer Atem geraten, verringern Sie einfach Ihr Walking-Tempo, bis Sie Ihren Atemrhythmus wieder gefunden haben. Das Ausatmen sollte generell länger dauern als das Einatmen, so dass das Kohlendioxid, das bei den Muskelbewegungen durch den Sauerstoffverbrauch entsteht, vollständig ausgeschieden werden kann. So wird der Organismus gereizt, mehr Sauerstoff im Blut zu binden.

Aufwärmen, dehnen, kräftigen

Aufwärm-, Kräftigungs- und Dehnübungen sind fester Bestandteil jeder Nordic-Walking-Trainingseinheit. Damit stimmen Sie sich und Ihren Körper auf die sportliche Aktivität ein und optimieren gleichzeitig Ihr Bewegungs- und Körpergefühl. Die Stöcke sind bei allen Übungen ein nützliches Hilfsmittel.

Der richtige Start

Bevor Sie loslegen, wärmen Sie sich richtig auf. Ähnlich wie bei einem Rennwagen, der erst warm gefahren werden muss, bevor er Spitzengeschwindigkeiten erreichen kann, muss auch unser Körper erst aufgewärmt werden. Dieser Aufbau einer körperlichen »Betriebstemperatur« ist die Voraussetzung für seine Leistungsbereitschaft. Denn warme Muskeln sind gelenkiger und dehnbarer als kalte. Das Aufwärmen führt zu einer erhöhten Durchblutung durch vermehrte Sauerstoffabgabe ins Blut und zu einer Verringerung der Reaktionszeit von Muskeln und Nerven. Das wiederum hat eine Verbesserung der Bewegungskoordination zur Folge und die Verletzungsgefahr wird vermindert. Durch das Aufwärmen können Sie sich außerdem psychisch optimal auf das Training einstellen und Ihre Motivation verstärken. Die Aufwärmübungen nehmen ungefähr zehn Minuten in Anspruch. Auch die ersten Nordic-Walking-Schritte werden noch dazu gezählt.

Tipp: *Machen Sie die Übungen langsam und konzentriert. Machen Sie die Übungen immer in beide Richtungen und mit beiden Händen und Füßen. Führen Sie die Bewegungen nur so weit aus, wie es Ihr Körper erlaubt. Atmen Sie dabei ruhig und entspannt. Wiederholen Sie die Übungen auf jeder Seite 5- bis 10-mal.*

Aufwärm- und Koordinationsübungen

1. Aufwärmen des Oberkörpers
- Stellen Sie sich mit schulterbreit geöffneten Füßen hin, und nehmen Sie beide Stöcke hinter den Körper.

Aufwärmen des Oberkörpers

- Bewegen Sie Ihren Oberkörper langsam abwechselnd erst auf die rechte, dann auf die linke Seite.
- Üben Sie leichten Druck auf die Stöcke aus, dadurch können Sie Ihren Bewegungsumfang langsam erhöhen.

2. Übung für die Schultern
- Stellen Sie sich mit schulterbreit geöffneten Füßen hin, die Knie sind nach vorn gerichtet.

Übung für die Schultern

- Halten Sie die Stöcke mit gestreckten Armen in Beckenhöhe vor dem Körper, die Fingerknöchel zeigen nach vorn. Heben Sie die Stöcke bis über den Kopf und senken Sie sie wieder auf Beckenhöhe.
- Die Arme bleiben gestreckt.

3. Übung für den gesamten Körper

- Stellen Sie sich mit schulterbreit geöffneten Füßen hin, die Knie sind nach vorn gerichtet.
- Halten Sie die Stöcke mit gestreckten Armen, die Hände jeweils an den Stockenden über dem Kopf.
- Gehen Sie mit gestrecktem Rückgrat im Winkel von circa 90 Grad in die Hocke und richten Sie Ihren Blick dabei geradeaus.

Übung für den gesamten Körper

- Richten Sie sich wieder auf.
- Der Stock bewegt sich dabei in einer geraden Linie auf und ab.

4. Kniebeuge mit einem Bein –
Übung für die Oberschenkel

- Stellen Sie beide Stöcke vor sich.
- Gehen Sie mit einem Bein nach vorn, und gehen Sie leicht in die Knie.

Kniebeuge mit einem Bein –
Übung für die Oberschenkel

- Nehmen Sie das Bein wieder zurück, und wiederholen Sie die Übung mit dem anderen Bein. Die Stöcke dienen bei der Übung als Stütze.

5. Warm laufen

Beginnen Sie mit einem ca. 10- bis 15-minütigen Warmlaufen. Walken Sie dabei locker und entspannt, so dass Sie sich gemütlich mit Ihrem Nordic-Walking-Partner unterhalten können. Der Pulswert sollte dabei circa 60 bis 70 Prozent der maximalen Herzfrequenz entsprechen. Wenn Sie ausreichend Zeit haben, können Sie hier ein paar leichte Dehnübungen einlegen. Sind Sie in Zeitdruck, sollten Sie sich in jedem Fall am Ende Ihrer Nordic-Walking-Trainingseinheit ausgiebig dehnen.

Dehnen

Dehnen oder Stretching ist eine geeignete Methode, Ihren Körper beweglich und die Gelenke geschmeidig zu halten. Körperliche Beweglichkeit ist neben Kraft und Ausdauer ein Eckpfeiler für Fitness, aber auch für das alltägliche Leben. Schließlich hängt eine gute Haltung auch mit guter Beweglichkeit zusammen.

Je weniger beweglich Sie sind, desto steifer gehen Sie, und desto beschwerlicher werden alltägliche Dinge wie Treppensteigen oder Bücken. Eine gute Beweglichkeit kann auch Verspannungen und Schmerzen lindern, besonders im unteren Rückenbereich.

Werden einzelne Muskeln über einen gewissen Zeitraum nicht oder sehr wenig beansprucht, können sie sich verkürzen. Gerade in unserer heutigen Zeit, in der die meisten Menschen einer sitzenden Tätigkeit nachgehen, passt sich die Brust-, Rücken- und Beinmuskulatur der Arbeitsstellung an und wird kürzer.

Die Verkürzung der Brustmuskulatur verstärkt die Rundrückenhaltung, da die Schulterblätter nach vorn gezogen werden. Eine Verkürzung der Rücken- und Beinmuskulatur kann zu Rückenschmerzen und verstärkter Hohlkreuzhaltung führen. Zwar ist die individuelle Beweglichkeit von genetischen Faktoren abhängig, doch allgemein gilt, dass die natürliche Flexibilität der Muskeln und die Beweglichkeit der Gelenke mit dem Alter nachlassen. Mit Hilfe von Dehnübungen können Sie Ihre Beweglichkeit aufrechterhalten und verbessern.

Mit leichten Stretching-Übungen lernen Sie zudem Ihren Körper kennen und bekommen ein zunehmend besseres Körpergefühl, wovon wiederum Ihr Koordinationsvermögen profitiert.

Tipps für richtiges Dehnen

- Wärmen Sie sich vor dem Stretchen immer auf.
- Machen Sie keine ruckartigen Bewegungen, das kann zu Zerrungen führen.
- Atmen Sie ruhig und gleichmäßig. Atmen Sie durch die Nase ein und durch den Mund aus.
- Halten Sie die eingenommene Dehnstellung und wippen Sie nicht nach.
- Dehnen Sie nur so weit, bis Sie ein Ziehen, aber keinen Schmerz spüren.
- Langsames Stretching hilft, Stress und die vorangegangene körperliche Spannung abzubauen.
- Wiederholen Sie die Übungen langsam ein- bis dreimal.
- Halten Sie die Dehnhaltung 15 bis 30 Sekunden.

Dehnübungen

1. Dehnung der seitlichen Rumpfmuskulatur

- Stellen Sie sich mit schulterbreit geöffneten Füßen hin, die Knie sind nach vorn gerichtet.
- Nehmen Sie die Stöcke an den Enden und führen Sie diese mit durchgestreckten Armen erst zur einen, dann zur anderen Seite. Der Oberkörper neigt sich dabei nur leicht zur Seite, nicht nach vorn.

Dehnung der seitlichen Rumpfmuskulatur

2. Dehnung der Schulter- und Nackenmuskulatur

- Stellen Sie sich mit schulterbreit geöffneten Füßen hin, die Knie sind nach vorn gerichtet.
- Gehen Sie leicht in die Knie, damit kein Hohlkreuz entsteht.

Dehnung der Schulter- und Nackenmuskulatur

- Nehmen Sie die Stöcke nahe den äußeren Enden und führen Sie die angewinkelten Arme nach oben und hinter den Kopf.

3. Dehnung des Oberkörpers

- Stellen Sie sich mit schulterbreit geöffneten Füßen hin, die Knie sind nach vorn gerichtet.

Dehnung des Oberkörpers

- Beugen Sie Ihren Oberkörper mit gestreckten Armen nach vorn, und nehmen Sie die Stöcke als Stütze.
- Machen Sie bewusst Ihre Wirbelsäule lang, und atmen Sie bewusst ein und aus, damit können Sie die Dehnung unterstützen.

4. Dehnung in der Schrittbeuge

- Stellen Sie sich mit schulterbreit geöffneten Füßen hin, die Knie sind nach vorn gerichtet.
- Halten Sie die Stöcke als Stütze seitlich am Körper, und machen Sie einen Ausfallschritt nach vorn.

Dehnung in der Schrittbeuge

- Führen Sie das andere Bein nach hinten und zu Boden, bis Sie eine Dehnung spüren.
- Beugen Sie den Oberkörper leicht nach vorn.
- Gehen Sie zurück in die Ausgangsstellung, und machen Sie die Übung mit dem anderen Bein.

5. Dehnung der Oberschenkelmuskeln

- Stützen Sie sich mit der linken oder rechten Hand auf Ihre Stöcke.
- Ziehen Sie einen Fuß langsam bis zum Gesäß.
- Halten Sie das Standbein leicht gebeugt, um ein Hohlkreuz zu vermeiden.
- Gehen Sie langsam in die Ausgangsstellung zurück, und wechseln Sie das Bein.

Dehnung der
Oberschenkelmuskeln

6. Dehnung der Wadenmuskulatur

- Machen Sie einen Schritt nach vorn, so dass das hintere
  Bein gestreckt ist. Stützen Sie sich dabei auf die Stöcke.

Dehnung der Wadenmuskulatur

- Bewegen Sie Ihren Oberkörper so nach vorn, dass Sie in der Wade des hinteren Beines den Dehnreflex spüren. Der hintere Fuß muss dabei komplett am Boden bleiben.
- Gehen Sie zurück in die Ausgangsstellung, und wechseln Sie das Bein.

Kräftigung

Manche denken sofort an Bodybuilder und Kraftprotze, wenn sie das Wort Krafttraining hören. Doch damit liegen sie völlig falsch. Immer mehr passionierte Ausdauersportler beginnen mit Krafttraining, um ihre Muskulatur zu stärken. Denn genauso wie die Ausdauer ist auch die Kraft ein wichtiger Faktor für unser körperliches Wohlbefinden und unsere Fitness.

Im normalen Alltag wird unsere Muskulatur zunehmend weniger beansprucht. Besonders die Bauch- und die Rückenmuskulatur kann Unterstützung durch gezieltes und gleichzeitig schonendes Krafttraining gut gebrauchen. Denn häufig sind besonders Rückenschmerzen auf eine zu schwache Muskulatur zurückzuführen.

Aufgabe der Muskulatur

Unterschieden wird die *glatte* und die *quer gestreifte* Muskulatur. Die glatte Muskulatur ist die Muskulatur der Blutgefäße und der inneren Organe. Sie besteht nicht wie die Skelettmuskulatur aus einzelnen Muskeln, sondern ist flächenhaft, in mehreren Schichten übereinander gelagert.

Beim Krafttraining interessiert jedoch vor allem die Skelettmuskulatur, oder auch quer gestreifte Muskulatur genannt. Sie ist dem Willen unterworfen und spielt bei jeder Art von körperlicher Bewegung eine große Rolle. Ihre Aufgabe ist es, Körperbewegungen so auszuführen, dass einzelne Teile des Knochengerüstes sich in sinnvoller Weise gegeneinander bewegen und somit ein harmonisches Miteinander entsteht.

Außerdem nimmt die Skelettmuskulatur einen großen Einfluss auf die äußere Form des Körpers.

Jeder Muskel setzt sich aus einzelnen Fasern zusammen. Diese bestehen aus Bindegewebe, das wiederum die Nerven und Blutgefäße zur Versorgung des Muskels beinhaltet. An den Enden gehen die meisten Muskeln in die Sehnen über, welche die Verbindung zum jeweiligen Knochen schaffen.

Die große Bedeutung der Skelettmuskulatur wird besonders dann klar, wenn man bedenkt, dass diese im Normalfall 40 Prozent des Körpergewichts ausmacht. Bei einem untrainierten Menschen kann der prozentuale Anteil der Muskulatur jedoch auf unter 30 Prozent absinken! Da mit zunehmendem Alter ohnehin ein Kraftverlust einhergeht, ist ein körperliches Training zur Erhaltung der Muskulatur und damit der Körperfunktionen von großer Wichtigkeit. Je weniger Kraft Sie haben, desto schwerer werden einfache tägliche Aktivitäten wie Treppensteigen, Einkaufen oder Heben.

Aufgabe der Muskulatur ist es, Belastungen aufzufangen, ist aber die Muskulatur zu schwach, werden Bandscheiben und Gelenkflächen zu stark belastet.

Glücklicherweise ist Kraft relativ schnell aufzubauen. Das heißt, gegen den Verlust von Körperkraft können Sie sich besser wappnen als gegen die Alterung der Haut oder den Verlust der Sehkraft. Durch regelmäßiges Muskeltraining können Sie Ihre Kraft in kurzer Zeit verdoppeln, wenn nicht verdreifachen.

Beim Krafttraining wird vor allem das aktivere Muskelgewebe aufgebaut und das Verhältnis zur fetten Körpermasse erhöht. Wenn sich eine Muskelzelle bewegt, braucht sie dazu Energie. Die Energielieferanten des Körpers, zu denen auch Fettsäuren gehören, werden in der Muskelzelle zu Energie umgewandelt und verbrannt. So können Menschen mit mehr Muskelzellen auch mehr Fettsäuren verbrennen und lagern aufgrund des besseren Stoffwechsels nicht mehr so viel Fett ein. Bereits bei einer Zunahme der Muskelmasse um nur drei Pfund erhöht sich die Stoffwechselaktivität. Das heißt, die Verbrennung von Fettsäuren steigt um sieben Prozent und der Kalorienverbrauch im Alltag um 15 Prozent. So reduziert bereits ein einziges Krafttraining pro Woche das Risiko, Fett anzusetzen.

Außerdem verbessert Muskeltraining den Stützapparat und die Gelenkfunktionen. Das Gewebe wird gestrafft, der Körper kommt in Form. Krafttraining hält zudem das Herz gesund, indem es dazu beiträgt, das Gewicht und den Blutzucker zu kontrollieren und den Blutcholesterinspiegel zu senken.

Ein weiterer wichtiger Punkt ist die Verbesserung der Koordination durch Muskeltraining. Koordinative Fähigkeiten wie Geschicklichkeit, räumlicher und zeitlicher Orientierungssinn und Bewegungsharmonie werden durch Muskeltraining aktiv gefördert. Bewegungen werden präziser und sicherer, der Körper benötigt weniger Energie, die Muskulatur ermüdet nicht so schnell. Auch die Verletzungsgefahr wird geringer. Durch Muskeltraining erhöht sich die Konzentrationsfähigkeit, eine Verminderung der Sturzgefahr ist die Folge.

Der zusätzliche Einsatz der Stöcke beim Nordic Walking ist das stärkste koordinationsfördernde Element.

Durch die Kräftigungsübungen, die in der Regel mit den Stöcken durchgeführt werden, wird dieses Element unterstützt.

Kräftigungsübungen

Nordic Walking ist ein idealer Sport zur Kräftigung des ganzen Körpers. Dennoch sind zusätzliche, regelmäßige Kräftigungsübungen sinnvoll, um Ihre Kraft aufzubauen und zu erhalten. Halten Sie sich dabei an folgende Regeln:

- Trainieren Sie die Kräftigungsübungen nicht mit durchgestreckten Knien, dann vermeiden Sie eine zu starke Rückenbelastung.
- Versuchen Sie, Ihren Bauch anzuspannen, das entlastet den Ober- und Unterkörper.
- Machen Sie je nach persönlichem Leistungsstand zwischen 10 und 20 Wiederholungen.

1. Kräftigung des Oberkörpers

- Stellen Sie sich mit schulterbreit geöffneten Füßen hin, die Knie sind leicht gebeugt und nach vorn gerichtet.
- Nehmen Sie die Stöcke an den beiden äußeren Enden und heben Sie sie mit gestreckten Armen über den Kopf.
- Führen Sie die Stöcke hinter dem Kopf hinunter bis zu den Schultern und wieder zurück.

Kräftigung des Oberkörpers

2. Kräftigung der Beinmuskeln

- Stellen Sie sich mit schulterbreit geöffneten Füßen hin, die Knie sind leicht gebeugt und nach vorn gerichtet.
- Gehen Sie in die Abfahrtshocke, der Kniewinkel beträgt maximal 30 Grad.
- Halten Sie die Position, so lange es Ihnen möglich ist.

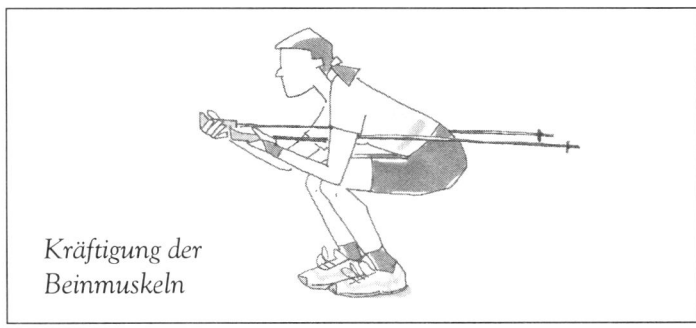

Kräftigung der Beinmuskeln

3. Kräftigung der Rückenmuskulatur

- Legen Sie sich mit dem Bauch auf den Boden, und spannen Sie die Gesäßmuskeln an.
- Nehmen Sie die Stöcke an beiden Enden.

Kräftigung der Rückenmuskulatur

- Führen Sie die Stöcke nach vorn, bis die Arme vollkommen gestreckt sind, halten Sie die Stellung kurz, und führen Sie die Arme zurück hinter den Kopf.
- Die Fußspitzen sind während der gesamten Übung auf dem Boden.

4. Kräftigung der Gesäßmuskulatur

- Stellen Sie die Stöcke seitlich vor den Körper.
- Heben Sie ein Bein und strecken Sie es nach hinten.

Kräftigung der Gesäßmuskulatur

- Beugen und strecken Sie abwechselnd den Unterschenkel.
- Gehen Sie zurück in die Ausgangsstellung, und wechseln Sie das Bein.

5. Kräftigung der Unterschenkel
- Stellen Sie sich mit schulterbreit geöffneten Füßen hin, die Knie sind leicht gebeugt und nach vorn gerichtet.
- Stellen Sie die Stöcke vor sich, und benutzen Sie diese als Gleichgewichtshilfe für die Übung.

Kräftigung der Unterschenkel

- Heben Sie die Fersen und gehen Sie in den Zehenstand.
- Tragen Sie Ihr gesamtes Körpergewicht, wenn möglich, auf den Zehen.

Abwärmen oder Cool-down

Nach jeder sportlichen Aktivität ist es sinnvoll, den Körper langsam zu beruhigen und dadurch die Phase der Regeneration einzuleiten. Das Cool-down dient der Wiederherstellung eines optimalen körperlichen und seelischen Zustandes.

Eines der wesentlichen Ziele des Abwärmens ist die Erhöhung des Blutstroms. Dadurch können bei der Belastung angefallene Stoffwechselschlacken besser abtransportiert werden. Der erhöhte Spannungszustand wird herabgesetzt, die Enzymaktivität steigt.

Die Hauptfunktion des Auslaufens ist es, die Betriebstemperatur der Muskulatur zu senken. Das regenerative Auslaufen sollte jedoch nicht zu lange und nicht zu intensiv sein. Wählen Sie das Tempo so, dass Sie ohne Anstrengung beim Auslaufen reden können.

Das Dehnen nach dem Training hat die Funktion, die durch die vorherige Belastung verursachte, zu hohe Spannkraft der Muskeln zu senken.

Damit das Abwärmen zu einem Abkühlen, nicht jedoch zu einem Auskühlen führt, sollten Sie, wenn möglich, die verschwitzte Kleidung gegen leichte Textilien austauschen. Bei niedriger Außentemperatur oder bei kaltem Wind sollten Sie das Abwärmen unbedingt an einem warmen Ort vornehmen, da ein ausgekühlter Muskel schlecht dehnbar und verletzungsanfällig ist. Trinken Sie genügend, um das Flüssigkeitsdefizit schnell auszugleichen. Wenn Sie nach Ihrem Nordic-Walking-Training etwas besonders Gutes für Ihren Körper und für Ihre Seele tun wollen, nehmen Sie ein heißes Bad, gehen Sie in die Sauna, oder lassen Sie sich massieren. Das beschleunigt die Erholungszeit, und Sie können sich außerdem für Ihren Sportsgeist belohnen.

Keine Angst vor unangenehmen Begleiterscheinungen

Besonders Sporteinsteiger werden nicht selten die ersten Male ihrer sportlichen Aktivität von etwas unangenehmen Begleiterscheinungen geplagt: Seitenstechen und Muskelkater. Lassen Sie sich dadurch jedoch nicht den Spaß am Nordic Walking verderben. Je regelmäßiger Sie walken, desto besser lernen Sie zum einen Ihren Körper kennen, so dass Sie seine Belastbarkeit immer besser einschätzen können. Zum Zweiten gewöhnt sich der Körper bei regelmäßigem Training an die neue Belastung, und die Schmerzen verschwinden.

Seitenstechen

Seitenstechen während des Sports ist ein häufiges Problem bei Anfängern. In den meisten Fällen verschwindet es im Lauf der Zeit, wenn die Leistungsfähigkeit des Atmungssystems zunimmt. Als Grund für Seitenstechen werden mehrere Ursachen angenommen, genau weiß man es aber noch nicht. Die gängigsten Vermutungen gehen dahin, dass Seitenstechen durch eine verminderte Durchblutung des Zwerchfells bei Belastungen entsteht.

Eine weitere Ursache kann eine zu schwache Bauchmuskulatur sein. Ihre Kräftigung kann daher unter Umständen rasch Abhilfe schaffen. Ebenfalls Seitenstechen verursachen können eine zu starke Belastung und unregelmäßiges Atmen. Wählen Sie daher Ihr Walking-Tempo am besten so, dass Sie sich während des Laufens mit anderen Läufern ohne Anstrengung unterhalten können.

Leiden Sie dann schließlich doch unter dem teilweise sehr schmerzhaften Seitenstechen, gibt es mehrere Möglichkeiten der Linderung:

- Laufen Sie langsam, oder gehen Sie und warten, bis der Schmerz vorüber ist.
- Atmen Sie tief und regelmäßig in den Bauch.
- Drücken Sie mit der Faust auf die schmerzende Stelle, beugen Sie den Oberkörper leicht nach vorn, und lassen Sie den Druck mit dem Ausatmen wieder los.
- Um Seitenstechen vorzubeugen, sollten Sie vor dem Nordic Walking ein bis zwei Stunden nichts essen, damit die inneren Organe nicht unnötig belastet werden.
- Walken Sie anfangs gemäßigt, und steigern Sie sich langsam.

Wenn der Muskelkater schnurrt

Wer kennt ihn nicht, den Muskelkater! Unangenehme Schmerzen in den Beinen, Armen oder am ganzen Körper, die es oft schwer machen, ganz normale Alltagstätigkeiten zu verrichten. Aber keine Angst: Ein Muskelkater ist kein Grund, sich vor sportlicher Aktivität zu scheuen. Denn auch wenn er eine schmerzhafte Angelegenheit ist – es gibt bislang keinen Hinweis darauf, dass auch wiederholter Muskelkater den Bewegungsapparat nachhaltig schädigt. In der Regel heilt er komplett aus.

Muskelkater tritt oft nach einer Überanstrengung bestimmter Muskeln, meist einen Tag nach der Belastung auf. Muskeln können in der Regel enorme Kräfte aushalten, allerdings nur dann, wenn sie regelmäßig belastet und trainiert werden. Ist das nicht der Fall, kommt es bei ungewohnter körperlicher Anstrengung zu Muskelschmerzen. Muskelkater ist also ein ganz normales Signal des Körpers, wenn er Anpassungsschwierigkeiten an neue Belastungen hat.

Früher ging man davon aus, dass der Muskelkater durch Milchsäure ausgelöst wird, die sich im Muskel bei sportlicher Anstrengung ansammelt. Das stimmt nur teilweise.

Neuere Untersuchungen zeigen, dass bei Überbelastung der Muskeln feine Risse in den Muskelfasern entstehen. Dadurch kommt es zu lokalen Entzündungen, was wiederum zu einer Schwellung führt. Aus dieser Schwellung resultieren der Schmerz und die eingeschränkte Dehnbarkeit der Muskeln.

Was Sie tun können

Wenn Sie nach einer längeren Pause wieder in den Sport einsteigen, wird sich ein leichter »Kater« nur schwer umgehen lassen. Wärmen Sie sich in jedem Fall gut auf und wieder ab, das ist eine gute Vorbeugung. Ebenso ist es sinnvoll, mit ungewohnten Belastungen und neuen Übungen zu Beginn langsam zu tun.

Wenn die Muskeln doch schmerzen, sollten Sie es mit Wärme und durchblutungsfördernden Maßnahmen versuchen. Leichtes Stretching oder Gymnastik lindern den Schmerz ebenso wie ein Saunabesuch oder ein warmes Bad.

Durch die gesteigerte Durchblutung wird eine schnellere Abheilung ermöglicht. Während Sie Ihren Muskelkater so richtig spüren, sollten Sie hohe Kraftbelastungen vermeiden, da sie einerseits sehr schmerzhaft sind und andererseits in dieser Zeit die Gefahr einer größeren Muskel- oder Sehnenverletzung erhöht ist. Massagen sollten ebenso vermieden werden. Der Muskel würde dadurch weiter irritiert, und die Dauer des Muskelkaters könnte sich verlängern.

Gesund und fit mit Nordic Walking

Dass Bewegung ein gutes Mittel zur Vorbeugung und Therapie verschiedener Krankheiten darstellt, ist heute kein Geheimnis mehr. Mit Hilfe moderner Forschungsmethoden ist es mittlerweile gelungen, viele Zusammenhänge zwischen Gesundheit und sportlicher Bewegung auch wissenschaftlich zu erfassen. So wissen wir beispielsweise, dass zu wenig Bewegung der Grund für Stoffwechsel-, Herz- und Kreislauf-Erkrankungen ist. Zu viel Sitzen ist die Ursache für Rückenschmerzen, Gelenks- und Knochenerkrankungen.

Der allgemein verbreitete Bewegungsmangel trägt neben den vielen gesundheitlichen Problemen auch dazu bei, dass viele Menschen ein gestörtes Bewegungs- und Belastungsempfinden haben. Das bedeutet, sie haben kein Gefühl mehr dafür, wie viel Bewegung und Belastung ihnen gut tut. Viele Sportanfänger glauben, gleich so richtig loslegen zu müssen, und wundern sich dann, wenn ihre Gesundheit unter der sportlichen Anstrengung leidet, anstatt besser zu werden.

Achten Sie also bewusst auf die Signale Ihres Körpers. Denn das Erkennen dieser Signale und ein Gefühl für die richtige körperliche Belastung sind wesentliche Voraussetzungen für gesundheitsorientierte Bewegung. Wenn Sie ein gutes Gefühl für Ihren Körper haben, kann Sport bis ins hohe Alter ausgeübt werden, denn: Auch wer spät mit Sport beginnt, wird in jedem Fall davon profitieren.

Mit Nordic Walking können Sie Ihre Gesundheit, Ihr Körpergefühl und Ihre Beweglichkeit langfristig verbessern – egal wie alt Sie sind. Dass Nordic Walking die ideale Präventions- und auch Rehabilitationssportart ist, zeigt sich daran, dass in Skandinavien viele Rehakliniken diese Ausdauersportart erfolgreich als Therapie eingesetzt haben. Von den Ergebnissen überzeugt, sind bereits etliche Krankenkassen – auch in Deutschland – dazu übergegangen, Nordic-Walking-Kurse als Präventivmaßnahme finanziell zu unterstützen.

Das Herz – Zentrum des Lebens

In den Industrienationen sind Erkrankungen des Herz-Kreislauf-Systems die Todesursache Nummer eins. Zunehmend trifft es sogar jüngere Menschen in den besten Jahren. Schuld daran sind Bewegungsmangel in Verbindung mit zu üppiger Ernährung, Stress, Zigaretten oder zu viel Alkohol. Damit Sie verstehen, wie es dazu kommt, ist ein kleiner Einblick in die Funktion und den Aufbau des Herzens notwendig.

Das Herz ist die zentrale Pumpe des Kreislaufs und treibt die Transportvorgänge in allen Blutgefäßen an. Blutgefäße und Herz bilden zusammen das Herz-Kreislauf-System, oder auch kardiovaskuläres System genannt, das den gesamten Körper mit Sauerstoff und Nährstoffen versorgt und Stoffwechselprodukte und Kohlendioxid wieder abtransportiert.

Das Herz ist ein Hohlmuskel und liegt hinter dem Brustbein zwischen den Lungen. Die Herzscheidewand unterteilt das Herz in eine rechte und in eine linke Herzhälfte. Beide

Hälften sind gleich aufgebaut und bestehen aus einem Vorhof und einer Kammer. Sie sind durch Klappen miteinander verbunden. Der rechte Teil des Herzens nimmt das kohlendioxidreiche Blut, das aus unterschiedlichen Teilen des Körpers stammt, im Vorhof auf und drückt es in die rechte Herzkammer. Von dort aus wird es in die Lunge gepumpt, wo frischer Sauerstoff aufgenommen und Kohlendioxid abgegeben wird. Von der Lunge strömt das Blut zurück in den linken Vorhof, dann in die linke Kammer, von wo aus es dann mit Sauerstoff angereichert in die Hauptschlagader, die Aorta, fließt. Das Herz ist von einem eigenen Gefäßsystem, den Herzkranzgefäßen oder Koronararterien umgeben. Die Koronararterien zweigen kurz nach Beginn der Aorta von dieser ab, wo ein geringer Teil des Blutes abfließt, um das Herz mit frischem, sauerstoffreichem Blut zu versorgen und Stoffwechselprodukte abzutransportieren. Das verbrauchte Herzkranzgefäßblut fließt durch die Koronarvenen in den rechten Vorhof zurück.

Kommt es zu Ablagerungen an den Wänden der Arterien, kann der Herzmuskel nur noch unzureichend mit Blut und mit Sauerstoff versorgt werden. Als Folge kann es zu Angina-pectoris-Anfällen kommen. Verschließt sich das Gefäß völlig, ist ein Herzinfarkt die Folge.

Ein durchschnittlich großes Herz wiegt circa 450 g und pumpt pro Minute ungefähr 5 bis 7 Liter Sauerstoff in den Kreislauf. Pro Tag absolviert unser Herz um die 100 000 Schläge, um 10 000 Liter Blut zu befördern. Wie jeder andere Muskel kann und muss es trainiert werden, um diese Leistung zu bewältigen. Deswegen ist ein regelmäßiges Herz-Kreislauf-Training so wichtig. Die Herzfrequenz, das heißt die Häufigkeit, mit der das Herz pro Minute schlägt, ist bei trainierten Menschen deutlich niedriger als bei untrainierten. Je höher jedoch die Herzfrequenz ist, desto mehr Energie wird benötigt, um das Blut zu pumpen. Ein Herz mit niedriger Herzfrequenz braucht weniger Energie, um die gleiche Menge Blut zu pumpen.

Mit jedem Schritt mehr Leistungskraft

Studien belegen es mittlerweile hinreichend: Es besteht ein Zusammenhang zwischen Bewegung und Herz-Kreislauf-Erkrankungen. So führt kontinuierliche körperliche Aktivität zu einem Schutzeffekt gegenüber Herz-Kreislauf-Krankheiten. Vor allem kann dadurch die Eintrittswahrscheinlichkeit der koronaren Herzerkrankung beeinflusst werden. Zurückzuführen ist der positive Einfluss körperlicher Aktivität auf eine verbesserte Funktionsökonomie des Herz-Kreislauf-Systems. Die positiven Effekte von Nordic Walking belegen dies.

Durch den aktiven Einsatz der Atemhilfsmuskulatur, die bei Nordic Walking verstärkt eingesetzt wird, verbessert sich die Sauerstoffversorgung des gesamten Organismus. Die Sauerstoffaufnahme ist sogar durch den Einsatz der Stöcke um bis zu 46 Prozent höher als beim normalen Walking.

Treiben Sie regelmäßig Nordic Walking, wird sich der Körper der neuen Situation durch ein erhöhtes Blutvolumen anpassen. Das Herz wird größer und stärker und pumpt mehr Blut in die Organe. Die Fließeigenschaften des Blutes verbessern sich, somit kann es leichter durch die Adern fließen, das Risiko für die Entstehung eines Blutpfropfens verringert sich.

Untersuchungen haben gezeigt, dass sich bei regelmäßiger Bewegung mehr roter Blutfarbstoff (Hämoglobin) bildet, der den Sauerstoff in der Lunge aufnimmt und zu den Zellen transportiert. Mit der Zunahme von Hämoglobin steigen die Durchblutung und Sauerstoffzufuhr im Herz selbst wie auch im gesamten Körper. Durch die tiefere Atmung wird die Lunge besser mit Sauerstoff versorgt und erhält eine größere Leistungskapazität. Die Atmung wird ökonomischer, das heißt, die Atemfrequenz wird bei Anstrengung weniger gesteigert.

Nicht nur Herz und Lunge werden besser mit Sauerstoff versorgt, auch das Gehirn bekommt mehr, und zwar um bis zu 25 Prozent. Wer regelmäßig Ausdauersport treibt, fühlt sich daher wacher, konzentrierter und leistungsfähiger, und das unabhängig vom Alter. Denn auch in späteren Lebensabschnitten verbessert Nordic Walking Gedächtnis, Lernvermögen und Kreativität.

Zur Senkung von hohem Blutdruck ist Nordic Walking eine geeignete Sportart, da sie sich in erster Linie am persönlichen Leistungsprofil orientiert und keine plötzliche hohe Leistung erfordert. Bei zu hohem Blutdruck ist es besonders wichtig, keine Sportart zu treiben, bei welcher er plötzlich in die Höhe schießt, wie etwa beim Gewichtheben oder Tauchen. Achten Sie also bei erhöhtem Blutdruck darauf, dass Sie beim Nordic Walking immer im aeroben Bereich bleiben und Ihren Körper langsam aufwärmen. Damit ist eine langfristige Senkung des Blutdrucks gewährleistet.

Verbessern Sie Ihren Stoffwechsel

Als Stoffwechsel bezeichnet man alle Vorgänge im Körper, die beim Ab- und Umbau von Nährstoffen beteiligt sind. Eine wichtige Rolle übernehmen dabei die Verdauungsorgane wie Magen, Darm, Harnblase, Galle und Gallenblase. Wenn der Stoffwechsel gestört ist, wie zum Beispiel bei der Zuckerkrankheit, hat das oft schwere Folgen für die Gesundheit.

Diabetes

Unter Diabetes mellitus – oder umgangssprachlich der Zuckerkrankheit – versteht man erhöhte Blutzuckerwerte, verbunden mit einem Risiko für schwere Begleit- und Folgeerkrankungen.

Unterschieden werden zwei Typen Diabetes. Der Typ-1-Diabetes beruht auf einem Mangel an Insulin infolge einer Zerstörung der Insulin produzierenden Zellen, die zur Bauchspeicheldrüse gehören. Hauptsächlich sind Kinder zwischen 11 und 13 Jahren davon betroffen.

Der Typ-2-Diabetes macht sich meist nach dem 40. Lebensjahr erstmals bemerkbar. Er entsteht durch ein vermindertes Ansprechen der Körperzellen auf Insulin. Faktoren wie Übergewicht oder gar Fettsucht, verbunden mit Bewegungsmangel, sind wahrscheinlich der wichtigste Auslöser von Typ-2-Diabetes und führen zur Entstehung von Bluthochdruck und Fettstoffwechselstörungen. Alle diese Erkrankungen zusammen sind wiederum der Boden für die

Entwicklung der Arteriosklerose, die viele gefährliche Herz-Kreislauf-Krankheiten mit verursacht. Der Typ-2-Diabetes ist übrigens die weitaus häufigere Form, ca. 95 Prozent aller Diabetiker sind davon betroffen.

Besonders Typ-2-Diabetiker profitieren von den Auswirkungen eines guten Ausdauertrainings, das dazu beitragen kann, dass sich die Krankheit nicht oder erst verzögert entwickelt. Grund ist der vermehrte Energieverbrauch der Muskeln, der die Blutzuckerwerte sinken lässt. Aber auch Menschen, die bereits sicher Typ-2-Diabetes haben, können von den zahlreichen positiven Effekten profitieren, die ein regelmäßiges und moderates Ausdauertraining mit sich bringt. Besonders Übergewicht – das bei fast allen Patienten mit Typ-2-Diabetes mehr oder weniger vorhanden und ein wichtiger Auslöser für die Insulinresistenz ist, kann durch regelmäßige Bewegung meist erfolgreich bekämpft werden.

Cholesterin

Für das Entstehen von Ablagerungen an den Arterien ist vor allem ein zu hoher Cholesterinspiegel im Blut verantwortlich. Der wiederum kann die Folge von anderen Erkrankungen sein, wie z. B. Diabetes mellitus oder zu fettreiche Ernährung. Verbunden mit Rauchen, Bluthochdruck und Übergewicht steigt das Risiko für einen Herzinfarkt ungefähr um das Zehnfache.

Cholesterin gehört chemisch gesehen zu den so genannten Steroiden, einer Untergruppe der Fette. Es hat im Körper wichtige Funktionen zu erfüllen. So ist es unter anderem verantwortlich für den Bau von stabilen Zellwänden und für die Herstellung von Gallensäuren in der Leber, die für die Verdauung bestimmter Speisen benötigt werden.

Cholesterin ist auch an der Vitamin-D-Produktion beteiligt. Es ist wichtig zum Aufbau der Knochen und zugleich für die Bildung von Geschlechtshormonen wie Testosteron oder Östrogen. Außerdem ist es ein Ausgangsstoff für die Bildung von Cortison, das für die Entzündungsabwehr im Körper unerlässlich ist.

Der größte Teil des Cholesterins wird vom Körper selbst gebildet. Das deckt den Eigenbedarf auch bei einer völlig cholesterinfreien Ernährung. Ein kleinerer Teil wird über die Nahrung aufgenommen. Das Ganze hält sich in der Regel die Waage, das heißt, wird über die Nahrung einmal mehr Cholesterin aufgenommen, produziert der Körper einfach weniger. Wird jedoch ständig zu viel Cholesterin aufgenommen, kann es gefährlich werden.

Weil sich die Fettsubstanz Cholesterin nicht mit dem wässrigen Blutplasma mischt, braucht sie für ihren Weg durch den Kreislauf einen »Transporteur«. Das sind die so genannten Lipoproteine. Die Wissenschaft unterscheidet zwischen zwei Eiweißkörpern im Blut, dem »HDL« (High Density Lipoproteine) und dem »LDL« (Low Density Lipoproteine). An diese bindet sich das Cholesterin, um überall in den Körper zu gelangen.

Das LDL bringt das Cholesterin über das Blut zu den Organen. Ist das LDL jedoch in zu hoher Konzentration vorhanden, wird die Menge davon, die vom Körper nicht mehr benötigt wird, in der Blutbahn wieder abtransportiert. Dieses Cholesterin sammelt sich an und lagert sich an den Wänden der Blutgefäße in Form von so genannten »Plaques« ab und verengt so die Arterien. Die Folge: Arteriosklerose, die im schlimmsten Fall zu einem Herzinfarkt oder Schlaganfall führen kann. Aus diesem Grund heißt LDL-Cholesterin auch »schlechtes« Cholesterin.

HDL-Cholesterin hingegen hat die entgegengesetzte Wirkung. Es nimmt überschüssiges Cholesterin in den Blutgefäßen auf und transportiert es von den Geweben zur Leber zurück. HDL-Cholesterin ist dabei auch in der Lage, Cholesterin aus den »Plaques« aufzunehmen, und verringert so Gefäßablagerungen. Hohe Werte an HDL oder »gutem« Cholesterin gelten daher als Schutzfaktoren gegen die Arteriosklerose.

Forschungen haben gezeigt, dass regelmäßiger Ausdauersport im aeroben Bereich einen Einfluss auf die Verteilung des Cholesterins im Blut hat. Das heißt, Wissenschaftler haben herausgefunden, dass sich durch regelmäßig betriebenen Ausdauersport der Anteil an HDL, also »gutem« Cholesterin, erhöht, während der Anteil an »schlechtem« LDL-Cholesterin gesenkt wird. Wenn Sie also pro Woche mit Nordic Walking Ihren Kalorienverbrauch um nur 1000 Kalorien steigern, können Sie den Cholesterinspiegel bereits günstig beeinflussen. In Verbindung mit fettreduzierter Ernährung können Sie mit regelmäßigem Nordic Walking Ihr HDL-Cholesterin langfristig um circa 10 Prozent erhöhen und Ihr LDL-Cholesterin gleichzeitig um circa 10 Prozent senken.

Mit Nordic Walking gegen Rückenprobleme

Statistiken belegen es: Vier von fünf Erwachsenen haben in ihrem Leben ein- oder mehrmals Rückenbeschwerden. Ungefähr ein Drittel der Betroffenen leidet monatelang unter Rückenschmerzen, bevor Linderung eintritt. Jeder Zehnte aus dieser Gruppe wird seine Rückenschmerzen für den Rest seines Lebens nicht mehr los.

Rückenschmerzen sind in den Industrienationen weit verbreitet. Zwar ist es richtig, dass die Wirbelsäule eine Schwachstelle des stehenden Menschen ist, weil die Lendenwirbel das gesamte Gewicht von Kopf, Armen, Schultern und Brustkorb auf das Becken übertragen. Dennoch sind Rückenschmerzen nicht zwingend. Sie werden vielmehr durch bestimmte Faktoren begünstigt.

Dazu gehören:

- Bewegungsmangel
- Übergewicht
- Langes Sitzen
- Eine allgemein ungünstige Körperhaltung
- Häufiges Heben von schweren Gegenständen
- Falsche Ernährung
- Zu viel Stress

Besonders Bewegungsmangel spielt eine wichtige Rolle bei Rückenschmerzen. Werden unsere Muskeln nicht regelmäßig bewegt und gestärkt, verkümmern sie. Immerhin kann man davon ausgehen, dass ungefähr 80 Prozent aller Fälle von Rückenschmerzen auf mangelnde Bewegung zurückzuführen sind.

Mit Nordic Walking können Sie Ihrem Rücken etwas Gutes tun, und Sie werden sehen, dass Sie sich entspannter und ausgeglichener fühlen.

Wirbelsäule und Bandscheiben

Verantwortlich für viele Rückenschmerzen sind häufig ungleich ausgebildete oder unterbeanspruchte Muskeln, wie eine schwache Bauchmuskulatur. Ebenso schuld sind aufgrund falscher Haltung veränderte Muskeln, wodurch die natürliche Krümmung der Wirbelsäule in einer dauerhaften Fehlstellung bleiben kann. Häufig sind die Schmerzen aber auch von den Bandscheiben und ihrem Wohlergehen abhängig. Denn genau diese spielen für die Funktionstüchtigkeit der Wirbelsäule eine wesentliche Rolle.

Die Bandscheiben haben eine Stoßdämpferfunktion zwischen den einzelnen Wirbeln, so dass diese nicht direkt aufeinander liegen und den starken Kräften, die auf dem Rücken lasten, unmittelbar ausgesetzt sind. Körpergewicht, Traglasten, Bewegungen und Stöße auf die Wirbelsäule werden von den Bandscheiben stets gleichmäßig auf die zwischen ihnen liegenden Wirbel verteilt. Die Bandscheiben bestehen aus einem Ring aus elastischem Gewebe und einem weichen, gallertartigen Kern in der Mitte, der bei Bewegungen leicht hin- und hergleitet. Dieser Gallertkern wirkt ähnlich wie ein Kugelgelenk. Bei Beugungen nach vorn oder hinten oder bei seitlichen Kippbewegungen weicht die Gallertmasse zur gedehnten Seite hin aus und überträgt so die Druckbelastung auf die feste Hülle. Im Gegensatz zu den gut durchbluteten Wirbelkörpern und Muskeln enthält die Bandscheibe bei Erwachsenen keine sie ernährenden Blutgefäße mehr. Sie wird deshalb von den benachbarten Wirbelkörpern und der Knorpelschicht mit nährstoffhaltiger Flüssigkeit versorgt. Ähnlich wie ein Schwamm nehmen die Bandscheiben diese bei Entlastung – vor allem im Liegen – auf. Werden sie durch Druck belastet, geben sie die Flüssigkeit allmählich wieder ab und werden schmaler. Das ist besonders bei stundenlangem Sitzen oder beim Tragen schwerer Lasten der Fall.

Beim Nordic Walking nimmt die Wirbelsäule die ideale Haltung für den Stoffwechselaustausch ein. Muskeln und Wirbel sind in permanenter Bewegung, so dass die Bandscheiben durch den ständigen Wechsel von Be- und Entlastung gut »durchsaftet« werden können.

Neben gut funktionierenden Bandscheiben ist, wie ja bereits erwähnt, auch eine starke Muskulatur das A und O für einen gesunden Rücken. Beim Nordic Walking werden durch den zusätzlichen Einsatz der Stöcke genau die Muskelgruppen gestärkt, die bei den meisten Menschen geschwächt sind und dadurch zu Schmerzen führen. Dazu gehören Rücken-, Schulter-, Nacken- und Brustmuskulatur. Da Nackenverspannungen eine häufige Ursache für Kopfschmerzen und Schlafstörungen sind, kann die Stärkung besonders dieser Muskelpartie diesen Beschwerden entgegenwirken.

Eine finnische Studie an der Polytechnic's Faculty of Health Care in Helsinki aus dem Jahr 1999 belegt die positive Auswirkung von Nordic Walking auf die Rücken-, Schulter- und Nackenmuskulatur. Studienteilnehmer waren Angestellte, die hauptsächlich am Computer arbeiteten und daher aufgrund verschiedener Haltungsfehler unter Schulter- und Nackenschmerzen litten. Ebenso hatten sie Probleme mit ihrer Wirbelsäule. Die Studie zeigte, dass die Schmerzen in Schulter und Nackenbereich bei fast allen Studienteilnehmern vollständig verschwanden und sich die Beweglichkeit der Wirbelsäule deutlich verbesserte.

Weitere wissenschaftliche Studien an der Universität von Wisconsin belegen ebenfalls die positiven Effekte auf die Muskulatur. Die Teilnehmer an dieser Studie übten 12 Wochen lang regelmäßiges Nordic Walking aus. Nach Abschluss der Studie stellte sich heraus, dass die Rumpfmuskulatur um 37 Prozent gestärkt worden war, im Vergleich zu 13 Prozent beim normalen Walking.

Starke Knochen braucht der Mensch

Osteoporose oder Knochenschwund ist die häufigste Knochenkrankheit in Deutschland. Zwar kommt die Erkrankung bei Menschen ab dem 40. Lebensjahr weitaus häufiger vor, aber auch jüngere Menschen sind gegen Osteoporose nicht gefeit.

Bei einem gesunden Knochengerüst bilden Knochen und Knorpelgewebe ein stabiles Gerüst, das im Zusammenspiel mit den Muskeln die Bewegung einzelner Körperteile erlaubt. Wie alle Gewebe im menschlichen Körper ist auch das Knochengewebe eine lebende Verbindung von Zellen, die fortlaufend neu auf-, um- und abgebaut werden. Nur auf diese Weise können Knochen ihre vielfältigen Funktionen erfüllen. Sie dienen beispielsweise als Schutz des Gehirns und des Rückenmarks. Ebenso sind sie eine Stütze für den menschlichen Körper, der erst durch das Knochengerüst seine Form erhält.

Bei der Osteoporose schwindet die Knochenmasse, und der Knochen wird brüchig, weil sich die tragenden Knochenbälkchen auflösen. Damit wird das Gleichgewicht zwischen Knochenaufbau und Knochenabbau gestört, das bedeutet, es wird mehr Knochen abgebaut als aufgebaut. Erste Warnzeichen dieser Krankheit sind dumpfe Rückenschmerzen. Das liegt daran, dass der Verlust der Knochendichte an den Wirbelkörpern besonders deutlich ist.

Osteoporose ist eine Erkrankung, die verschiedene Ursachen haben kann. Meistens ist ein Zusammenwirken mehrerer Faktoren erforderlich, damit sich eine Osteoporose entwickelt. Einige sind nicht beeinflussbar, andere sehr wohl. Dazu gehören:

- Eine gesunde und ausgewogene Ernährung, bei der vor allem Kalzium in ausreichender Menge zugeführt wird. Dazu gehört viel Vitamin D, das für die Aufnahme des Kalziums in die Knochen notwendig ist. Weiterhin sind Vitamin K für die Knochendichte und die Vitamine C und E für Knorpel- und Bindegewebe wichtig. Auch Spurenelemente wie Zink, Mangan, Kupfer und Fluor sind unverzichtbar für einen guten Knochenstoffwechsel. Eine übermäßige Zufuhr von tierischem Eiweiß hingegen begünstigt die Entstehung von Osteoporose.

- Ausreichende körperliche Bewegung fördert den Knochenaufbau. Sport und Gymnastik sind wichtige Bestandteile der Vorbeugung und der Behandlung von Osteoporose.

- Sexualhormone. Bei Frauen sind die Östrogene, bei Männern Testosteron mitentscheidend für den gesunden

Knochenaufbau. Östrogenmangel bei Frauen kann eine Osteoporose begünstigen, da der Körper ohne dieses Hormon nur wenig Kalzium in die Knochen einlagern kann.

Bewegung stärkt die Knochen

Körperliche Bewegung regt den Knochenstoffwechsel an, wohingegen ständiger Bewegungsmangel bereits im Kindesalter dazu führt, dass sich nicht die erforderliche Knochendichte entwickeln kann. Aber auch später, wenn der Stoffwechsel durch Sexualhormone gesteuert wird, ist körperliche Bewegung für eine ausreichende Knochendichte notwendig. Zug und Druck am Knochen sind für Aufbau und Erhalt des Skeletts notwendig. Man kann es daher nie zu oft sagen: Es ist nie zu spät. Mit körperlicher Bewegung kann in jedem Alter begonnen werden. Das gilt auch für Menschen, die bereits von Osteoporose betroffen sind.

Je mehr Druck und Belastung die Knochen erfahren, desto stärker wird die Knochenmasse aufgebaut beziehungsweise ihr Abbau verzögert. Aber Achtung: Es gibt wie überall Grenzen! Bei zu hoher, intensiver oder zu umfangreicher Belastung kehrt sich der positive Effekt auf die Knochen ins Gegenteil um, die Knochen können geschwächt werden und sogar Stressfrakturen erleiden! Auch hier gilt es, wie überall, das richtige Maß zu finden.

Nordic Walking eignet sich sehr gut als Präventionssport gegen Osteoporose. Wissenschaftler haben herausgefunden, dass bereits zügiges Gehen dreimal pro Woche für jeweils 20 Minuten einen günstigen Einfluss auf den Knochenbau hat. Hier sind Sportarten wie Nordic Walking oder Walking besser zur Osteoporose-Prophylaxe geeignet als Schwimmen oder Radfahren, weil dabei das ganze Körpergewicht das Skelett belastet und somit stärkt.

Den höchsten Druck übt ein gezieltes Krafttraining auf die Knochen aus, das somit in Bezug auf Osteoporose-Vorbeugung einen sehr hohen Wert hat. Nordic Walking ist auch hier durch sein eigenes kräftigendes Potenzial sowie durch die Integration verschiedener Kräftigungsübungen eine ausgezeichnete Sportart, mit der Sie der Osteoporose entgegenwirken können.

Regelmäßiges Nordic Walking im Freien bietet zudem einen weiteren Vorteil:

Sonnenstrahlen regen die körpereigene Produktion von Vitamin D an, welches die Aufnahme von Kalzium vom Darm ins Blut und in die Knochen fördert.

Mit Nordic Walking gegen Erkältung & Co.

Wissenschaftliche Untersuchungen haben es bewiesen: Wer sich regelmäßig, aber mäßig bewegt, wird seltener krank als die so genannten »Couchpotatoes«. Das liegt daran, so die Forscher, dass das Immunsystem bei Sport treibenden Menschen um 30 bis 50 Prozent stärker wird, denn: Leichte Anstrengung ist gesund. Das Immunsystem hat beim Sport eine Menge zu tun. Jede sportliche Betätigung verursacht lokale Reizungen des Muskelgewebes, die mit einer winzigen Entzündung vergleichbar sind. Außerdem kommt es im Gewebe zu kleinsten Verletzungen, die wir zwar nicht direkt spüren, die aber trotzdem repariert werden müssen. So können beispielsweise durch Erschütterungen des Darms kleine Verletzungen zustande kommen, durch die Fremdstoffe in den Blutkreislauf gelangen, deren sich das Immunsystem rasch entledigen muss. Und das tut es auch. Sportmediziner haben beobachtet, dass nach einem Dauerlauf von einer halben Stunde in einer mäßigen Geschwindigkeit, also im aeroben Bereich, das Immunsystem angeregt wird.

Die Zahl bestimmter Abwehrzellen steigt kurzfristig an, darunter auch solcher, die krebsartig veränderte Zellen erkennen und vernichten. Die Aktivität der Immunzellen erhöht sich insgesamt.

Doch auch hier gilt wieder: Maßhalten! Denn wie Wissenschaftler festgestellt haben, beansprucht im Gegensatz zu den positiven Auswirkungen bei einer gesundheitsorientierten Gangart eine halbstündige hohe Belastung das Immunsystem übermäßig. Die Zahl der weißen Blutkörperchen steigt bei hoher Belastung stark an, um dann unmittelbar nach der Belastung unter das Normalniveau abzusinken. Das Immunsystem ist dann nur noch eingeschränkt in der Lage, seine Aufgaben – Krankheitsabwehr und Aufspüren von Krebszellen – zu erfüllen. Dieser körperliche Stress spiegelt sich laut Studien in einer starken psychischen Belastung wider. Die untersuchten Studienteilnehmer waren in ihrer Handlungs- und Kontaktbereitschaft stark eingeschränkt. Demgegenüber war die psychische Situation von Teilnehmern nach einem gemäßigten Dauerlauf unverändert gut.

Sie sehen also – ständiges Auspowern schwächt den Körper mehr, als dass es ihn stärkt. Mit Nordic Walking stehen Sie in jedem Fall auf der sicheren Seite. Ohne sich zu überanstrengen, können Sie damit langfristig Ihre Gesundheit stärken und sich gegen Infektionen schützen.

So walken Sie Stress und schlechter Stimmung davon

Bereits die alten Römer hatten erkannt: »Mens sana in corpore sano«, zu deutsch »In einem gesunden Körper wohnt ein gesunder Geist.« Unser Körper und unser Geist stehen in enger Verbindung miteinander. Ist der Körper nicht gesund, hat das Auswirkungen auf den Geist und umgekehrt. Ausdauersportarten sind besonders gut dazu geeignet, beide Säulen des allgemeinen Wohlbefindens zu stärken.

Durch Nordic Walking wird das Gehirn vermehrt angeregt, körpereigene Glückshormone, die so genannten Endorphine, freizusetzen. Diese erhöhen Ihre Leistungsfähigkeit und sorgen gleichzeitig für gute Stimmung.

Aber auch Denken und Konzentrationsfähigkeit werden verbessert: Verantwortlich dafür ist das Hormon ACTH, das bei körperlicher Belastung vermehrt produziert wird. Seine Wirkungsbereiche umfassen Aktivierung, Stimmung und vor allem bestimmte Aufmerksamkeitsprozesse, die durch Sport erhöht werden. Dadurch wird Ihr Körperbewusstsein gestärkt, und Sie fühlen sich einfach wohler in Ihrer Haut.

Nordic Walking bietet eine hervorragende Möglichkeit, einfach einmal abzuschalten.

Gerade aufgrund der heutigen Reizüberflutung bauen sich im menschlichen Körper Spannungen und Aggressionen auf, die häufig zu körperlichen Beschwerden führen können wie Schlaflosigkeit, plötzlichem starken Schwitzen, Herzbeschwerden, Verdauungs- oder Kreislaufproblemen bis hin zu Potenzstörungen und Depressionen. Der Mensch fühlt sich gestresst. In einer Stresssituation schüttet der Körper die beiden Hormone Adrenalin und Noradrenalin aus. Dadurch wird der ganze Organismus in Anspannung versetzt, so dass Sie in der Lage sind, ganz schnell handeln zu können. Von der Natur ist dieser Mechanismus eigentlich für körperliche Höchstleistungen vorgesehen, da unsere urzeitlichen Vorfahren in Stresssituationen entweder kämpfen oder flüchten, also körperlich tätig werden mussten. Heute findet Stress hauptsächlich im geistigen Bereich statt, wo körperliche Aktivität nicht mehr nötig ist. Die Stresshormone können also nicht mehr durch Bewegung abgebaut werden, sondern bleiben erst einmal im Körper, wo sie sich nur sehr langsam abbauen.

Gehen Sie jedoch in stressigen Situationen an die frische Luft und bewegen Sie sich ausgiebig, können diese Hormone auf natürliche Weise abgebaut werden, so dass Körper und Psyche schnell wieder ihr Gleichgewicht erlangen. Sie werden gelassener, Stress und Depressionen verschwinden.

Bereits eine 1992 an der Universität in Oregon durchgeführte Studie belegt, dass schon nach 12 Wochen regelmäßigem Nordic Walking bei den Studienteilnehmern eine deutliche Verbesserung im Umgang mit Depressionen oder Angst zu bemerken war. Das heißt zwar nicht, dass Ihre Probleme nach einer ausgiebigen Nordic-Walking-Tour durchs Gelände wie weggeblasen sind. Sie sehen sie jedoch mit klarerem Verstand und aus einem anderen Blickwinkel.

Novembertief ade!

Der Winter ist Ihnen zu lang und zu grau? Sie fühlen sich matt und deprimiert, antriebslos und müde? Dann ist eine Runde Nordic Walking genau das Richtige als Stimmungsaufheller in dunklen Zeiten.

»Stell dich nicht so an«, hieß es früher häufig, wenn jemand im Winter über ein Stimmungstief klagte. Heute ist bewiesen: Der Mangel an Tageslicht in den Herbst- und Wintermonaten beeinflusst den Hormonhaushalt ungünstig. Besonders die Monate Oktober und November sind gefährlich. Da fühlen sich besonders viele energielos, leistungsschwach und schlecht gelaunt.

Dieses Stimmungstief hängt mit dem Mangel an Licht in diesen Monaten zusammen. Dieser Lichtmangel führt zu einer erhöhten Konzentration von Melatonin, einem schlafregulierenden Hormon. Gleichzeitig vermindert sich die Ausschüttung von Serotonin, einem stimmungsaufhellenden Hormon. Um die trübe Stimmung zu vertreiben, muss also die Serotoninausschüttung im Gehirn wieder angekurbelt werden. Wer nicht tafelweise Schokolade vertilgen möchte, die erwiesenermaßen den Serotoninhaushalt steigen lässt, der sollte raus in die Natur. Packen Sie also Ihre Stöcke ein und gehen Sie am besten mit anderen Nordic-Walking-Begeisterten hinaus an die frische Luft – besonders dann, wenn ein paar Sonnenstrahlen durch die Wolken schauen. Walken Sie in einem ruhigen Park, abseits von Trubel und hektischem Treiben, das hilft, die leeren Batterien wieder aufzuladen. Der rhythmische und harmonische Bewegungsablauf beruhigt, und die Nähe zur Natur trägt schnell dazu bei, das seelische Gleichgewicht wiederherzustellen.

Fit bis ins hohe Alter

Fragt man ältere Menschen danach, was ihnen in ihrem Leben wichtig ist, so stehen an erster Stelle Gesundheit und die körperliche und geistige Fitness. Viele denken, dass es im Alter damit zwangsläufig stetig bergab geht, und haben Angst vor zunehmender Gebrechlichkeit und Schwäche in späteren Jahren. Doch das muss nicht sein: Um Gesundheit und geistige Fitness möglichst lange zu erhalten, können ältere Menschen sehr wohl etwas tun. In verschiedenen medizinischen Untersuchungen wurde nämlich nachgewiesen, dass richtig dosierte und vor allem regelmäßige Bewegung auch im hohen Alter Kraft, Ausdauer, Reaktionsfähigkeit und die geistige Leistungsfähigkeit stärkt.

Rosten muss nicht sein

Der normale Alterungsprozess äußert sich in einer Verminderung der Muskelkraft und der aeroben Kapazität, den Hauptfaktoren körperlicher Fitness. Ab dem 30. Lebensjahr kann man davon ausgehen, dass der Mensch zunehmend an Muskelmasse verliert, so dass die totale Muskelmasse im Alter von 70 Jahren im Durchschnitt um 40 Prozent abgenommen hat, wenn man die Maximalkraft am Ende der Pubertät als Basiskriterium verwendet.

Hinzu kommt eine starke Einschränkung der Beweglichkeit, Geschicklichkeit und Koordinationsfähigkeit. Auch die psychischen Funktionen unterliegen Veränderungen und Einschränkungen, so dass die Leistungseinbuße den ganzen Menschen betrifft.

Wer jedoch denkt, dass die Kraftabnahme im Alter ein Naturgesetz ist, der irrt gewaltig. Nur wer »rastet«, der »rostet«. Je älter der Mensch wird, desto weniger muskuläre Anforderungen werden in der Regel an ihn gestellt. Vieles, was demnach als körperlicher Alterungsvorgang erscheint, ist in Wirklichkeit vielmehr Ausdruck einer passiven Lebensweise und der damit verbundenen zunehmenden Inaktivität und häufigen Gewichtszunahme.

Diese Entwicklung lässt sich aufhalten. Untersuchungen haben gezeigt, dass alte Menschen genauso gut trainieren können wie junge. Dabei sollte ein moderates Ausdauertraining, welches das Herz-Kreislauf-System stärkt, mit einem gezielten Muskeltraining verbunden werden. So wird die Verbesserung beziehungsweise der Erhalt der koordinativen Fähigkeiten und der Beweglichkeit zur Bewältigung der Alltagsanforderungen gefördert. Gleichgewichtsfähigkeit, Stand- und Trittsicherheit sowie Reaktionsfähigkeit werden gestärkt, und es wird somit Unfällen vorgebeugt.

Dies lässt sich durch Zahlen belegen. Zwar sind es häufig ältere Menschen, die wegen Unfällen im Krankenhaus landen, doch lediglich ein Prozent der über 60-Jährigen, die wegen eines Unfalls behandelt werden, haben sich beim Sport verletzt. Vielmehr sind es die untrainierten Älteren, die über eine Türschwelle oder Teppichkante stolpern. Bei ihnen mangelt es an Koordination und Muskelkraft. Und das erhöht das Sturzrisiko.

Wenn Sie also in fortgeschrittenem Alter mit Nordic Walking beginnen, schlagen Sie gleich zwei Fliegen mit einer Klappe: Sie trainieren Ausdauer und Muskelkraft gleichzeitig. Und Sie müssen weniger Angst vor Stürzen haben als bei anderen Ausdauersportarten. Durch die Verwendung der Stöcke bekommen Senioren zusätzlichen Halt und somit ein sicheres Gehgefühl.

Auch im Hinblick darauf, dass es gerade im Alter wichtig ist, das richtige Maß für die sportliche Betätigung zu finden – den goldenen Mittelweg zwischen dem »Viel-zu-wenig« und einem »Manchmal-zu-viel« –, ist Nordic Walking ideal. Je nach körperlicher Verfassung kann es intensiv oder weniger intensiv betrieben werden, ohne dabei seinen gesundheitlichen Nutzen zu verlieren. Im Gegensatz zum Laufen werden Hüft-, Knie- und Sprunggelenke weniger belastet, was bei älteren Menschen aufgrund verschiedener Erkrankungen oft eine große Rolle spielt. Nordic Walking eignet sich daher auch gut für Senioren mit Arthrose, Osteoporose und Übergewicht.

Und nicht zu vergessen: Nordic Walken ist ein Sport, der sehr gut in der Gruppe und mit Freunden ausgeübt werden kann. Das ist gerade für Senioren ideal, deren soziale Kontakte nicht selten eingeschränkt sind. Beim Nordic Walking finden sich neue Freunde, der soziale Austausch in der Gruppe unter Gleichgesinnten fördert den Spaß an der sportlichen Betätigung und gibt neue Lebensfreude.

Mehr Spaß mit Nordic Fitness

Dem Herz ist es gleichgültig, auf welche Art und Weise es trainiert wird, Hauptsache, es wird genügend gefordert. Wer also regelmäßig eine Ausdauersportart betreibt, tut seinem Körper in jedem Fall etwas Gutes. Trotzdem haben Sportwissenschaftler erkannt, dass eine möglichst große Bewegungsbandbreite in der sportlichen Betätigung Fitness und motorische Fähigkeiten verbessern kann. Außerdem macht Sport doch mehr Spaß, wenn etwas Abwechslung im Spiel ist. Schließlich trainiert der Geist auch mit!

Obwohl Nordic Walking eine Sportart ist, die Sie im Sommer wie auch im Winter problemlos ausüben können und die eine hohe Fitnesseffizienz hat, bieten sich ergänzende Sportarten an. Wie wäre es im Sommer mit Nordic Blading oder im Winter mit Skilanglauf und Schneeschuhwandern? Mit dieser Kombination nordischer Sportarten ist es möglich, den gesamten Körper rund ums Jahr fit zu halten. Bei all den verschiedenen Aktivitäten werden Stöcke eingesetzt, die ein besseres Muskeltraining und einen höheren Energieumsatz garantieren. Wie bei Nordic Walking auch sollten bei den anderen Nordic-Fitness-Sportarten Stretching- und Kraftübungen mit den Stöcken nicht fehlen. Auf diese Weise können Sie ganzjährig ein abwechslungsreiches Herz-Kreislauf-Training mit hoher Effizienz und jeder Menge Spaß absolvieren.

Fitness auf Rollen

Auch wenn viele am Anfang skeptisch waren: Inlineskating hat sich in den letzten Jahren von einer Modeerscheinung zum Volkssport entwickelt. Mittlerweile hat sich die Sportart fest in der Sportlandschaft etabliert. Kein Wunder: Es macht jede Menge Spaß, man kommt schnell voran und steigert dabei seine Fitness. Durch die gleitenden, runden Bewegungsabläufe ist das Skaten oder Bladen vergleichbar mit dem Schlittschuhlaufen und dem Skilanglauf.

Immerhin über 17 Prozent aller Deutschen bladen mittlerweile regelmäßig. Weltweit sind nach Schätzungen 16 Millionen Menschen auf Rollen unterwegs. Und unter den 14- bis 29-Jährigen genießt circa die Hälfte das Gefühl, fast lautlos dahinzugleiten.

Inlineskating ist nicht nur ein optimales Herz-Kreislauf-Training, es beansprucht gleichzeitig auch die wichtigsten Muskelgruppen und fördert Kraft, Koordination und Beweglichkeit. Vor allem die haltungsstabilisierende Rückenstreck-, Oberschenkel- und Gesäßmuskulatur wird durch den ständigen Wechsel von Gleiten und Abstoßen stark beansprucht und entsprechend gekräftigt. Das beugt Rückenerkrankungen vor. Aber auch für Menschen mit bestehenden Rückenproblemen ist das Inlineskaten bei moderater Belastung durchaus zu empfehlen.

Des Weiteren wird der Stütz- und Bewegungsapparat durch die harmonischen und fließenden Bewegungen nur geringfügig belastet, so dass auch die Muskulatur nicht so schnell ermüdet.

Somit ist Inlineskaten für »Sportmuffel«, aber auch für ältere Menschen, die eine längere Sportpause hinter sich haben, ein idealer Einstieg in den Sport.

Nordic Blading

Bei der nordischen Variante des Inlineskatens werden, wie beim Nordic Walking, zusätzlich Stöcke eingesetzt. Der Bewegungsablauf entspricht in etwa der Skating-Technik beim Langlauf. Für den geübten Inlineskater bedeutet Nordic Blading eine gute Ergänzung zum herkömmlichen Bladen.

Nordic Blading ist eine ausgesprochen effektive Bewegungsform, bei der mit Hilfe des Stockeinsatzes auch die Muskeln des Oberkörpers trainiert werden. Eine ideale Sportart also zur Steigerung der Gesamtkondition. Die Vorteile des Nordic Walking gelten auch für das Nordic Blading.

Besonders für Anfänger hat die nordische Skating-Variante große Vorteile. Nordic Blading ist sicherer als gewöhnliches Bladen, da durch den Einsatz der Stöcke zwei zusätzliche Stützpunkte genutzt werden können. Dadurch wird es am Anfang einfacher, das Gleichgewicht zu halten. Eine Untersuchung hat nämlich gezeigt, dass in 58 Prozent der Inlineskating-Unfälle Gleichgewichtsverlust die Sturzursache ist. Ein weiterer Vorteil der Stöcke ergibt sich auch für leicht hügeliges Gelände, da beim Bergauffahren die Beinarbeit unterstützt und bergab stabilisiert und gesichert werden kann. Und Speed-Freunde kommen natürlich ebenfalls auf ihre Kosten, da durch den Stockeinsatz sehr hohe Geschwindigkeiten erreicht werden können.

Dennoch empfiehlt es sich für den Anfang, an einem Nordic-Blading-Kurs teilzunehmen, um sich die wichtigsten Kenntnisse über Ausrüstung, Sicherheit und Technik anzueignen. Besonders Bremsen und das richtige Fallen sollten Sie halbwegs beherrschen, bevor Sie sich auf längere Touren begeben. Aber auch für »alte Hasen« ist ein Nordic-Blading-Kurs empfehlenswert, da die Technik des Stockeinsatzes und die damit verbundene Erhöhung der Geschwindigkeit auch erfahrene Skater vor neue Herausforderungen stellen.

Die verschiedenen Stockeinsatz-Techniken

Der Skilanglauf, von dem Nordic Walking wie auch Nordic Blading die Sommervariante sind, kennt zwei Techniken: Klassik mit Diagonalschritt und Doppelstock und Skating. Nordic Walking stellt das Sommertraining für den Diagonalschritt dar, während Sie mit Nordic Blading den Doppelstock und die Skating-Technik trainieren können.

Der Doppelstockschub (Grundtechnik)

Setzen Sie die Stöcke auf, die Arme sind auf Höhe der Schultern fast gerade nach vorn gestreckt. Richten Sie den Blick nach vorn auf den Handgriff der Stöcke.

Beugen Sie den Oberkörper leicht nach vorn. Stoßen Sie sich parallel mit den Stöcken ab. Achten Sie darauf, dass

beim Abstoß das gesamte Körpergewicht auf die Stöcke verlagert wird. Die Ellbogen sind dabei zu 90 Grad angewinkelt.

Mit Beginn des beidseitigen Armabstoßes beugt sich der
Oberkörper automatisch weiter nach unten, die Hände passieren den Körper auf Kniehöhe.

Richten Sie sich nach dem Ende des Armabstoßes wieder
auf. Lassen Sie dabei Ihre Arme nach vorn pendeln, um
neuen Schwung zu holen. Der Bewegungsablauf beginnt
von vorn.

Der schnelle Doppelstockschub

Vom Doppelstockschub unterscheidet sich der schnelle
Doppelstockschub vor allem darin, dass die Arme fast die
ganze Zeit zu 90 Grad gebeugt sind und der Stockeinsatz so
nahe wie möglich am Körper erfolgt. Bewegen Sie den
Oberkörper daher relativ wenig, damit Sie nicht an Geschwindigkeit verlieren. Die Knie bleiben ständig gebeugt,
das erhöht die Geschwindigkeit. Achtung: Die Hände dür-
fen den Körper nicht passieren.

Der schnelle Doppelstockschub ist besonders gut geeignet
bei leichteren Steigungen und bei der Beschleunigung beim
Start.

Skating 1:2 (asymmetrisches Skating)

Asymmetrisches Skating wird überwiegend beim Nordic
Blading angewandt. Bei dieser Variante erfolgt auf jeden
zweiten Beinabstoß ein Doppelstockschub. Nach dem ersten Doppelstockschub erfolgt der Beinabstoß des Gleit-
beins, die Arme pendeln locker nach vorn. Setzen Sie den
Stock parallel zur Skate-Richtung, um überflüssige Drehbe-
wegungen zu vermeiden.

Beginnen Sie mit einem Doppelstockschub, wobei Sie die Stöcke auf Höhe des Abstoßbeins aufsetzen, um einen effektiven Stockeinsatz zu erzielen.

Nach Aufsetzen der Stöcke stoßen Sie ein Bein zur Seite. Dabei wird das Körpergewicht automatisch auf das Gleitbein verlagert, das Abstoßbein löst sich vom Asphalt, und die Arme pendeln nach hinten.

Schwingen Sie gleichzeitig mit dem Beinabstoß die Arme ohne Verzögerung wieder nach vorn. So ist ein flüssiger und dynamischer Bewegungsablauf gewährleistet. Das Körpergewicht des Skaters wird wieder auf das Abstoßbein zurückverlagert. Beim asymmetrischen Skating wird der Oberkörper effektiv in den Bewegungsablauf integriert. Der Anteil des Oberkörpers an der Gesamtleistung macht circa 30–40 Prozent aus.

Skating 1:1 (Symmetrisches Skating)
Das Skating 1:1 unterscheidet sich vom Skating 1:2 lediglich durch den symmetrischen Ablauf. Hier erfolgt nicht auf jeden zweiten, sondern auf *jeden* Beinabstoß ein Doppelstockschub.

Bei Steigungen wird der Beinabstoß gleichzeitig mit dem Doppelstockschub eingesetzt.

So sind Sie gut gerüstet

Während beim Nordic Walking nur Stöcke und gute Schuhe nötig sind, ist die Ausrüstung beim Nordic Blading etwas aufwändiger.

Zur Inlineskating-Ausrüstung zählen die Inline-Schuhe

und eine Schutzbekleidung. Beim Nordic Blading kommen zusätzlich die Stöcke hinzu.

Schuhe und Rollen

Die Wahl eines Inlineskate-Schuhs sowie der Rollen richtet sich nach dem vom Fahrer bevorzugten Einsatzzweck, da sich die Modelle stark voneinander unterscheiden, um den verschiedenen Ansprüchen zu genügen. Nehmen Sie sich daher genug Zeit für den Schuhkauf, und lassen Sie sich im Fachgeschäft umfassend beraten.

Schutzausrüstung

Die Schutzbekleidung besteht aus Helm, Handgelenkprotektoren sowie Knie- und Ellbogenschützern. Da die Qualität der Schutzbekleidung nicht bei allen angebotenen Produkten gleich ist, sollten Sie beim Kauf auf das TÜV-Siegel »Geprüfte Sicherheit« achten.

Stöcke

Wie beim Nordic Walking auch gibt es im Fachhandel extraleichte Nordic-Blading-Stöcke mit einem speziellen Handschlaufensystem und rutschfester Blader-Spitze. Die Formel zur Berechnung der richtigen Stocklänge lautet: Körpergröße in cm x 0,9 + 2,5 cm.

Beispiel: Eine 1,75 m große Frau braucht die Stocklänge 175 x 0,9 + 2,5 = 160 cm

Skilanglauf

Sozusagen die Mutter des Nordic Walking ist der Skilanglauf oder auf englisch das »Nordic Skiing«.

Aufgrund der dynamischen und gleitenden Bewegungen ist der Skilanglauf gelenkschonend und daher aus gesundheitlicher Sicht sehr zu empfehlen. Der Bewegungsapparat wird nicht gestaucht, die Wirbelsäule nicht überstreckt.

Das gesamte Herz-Kreislauf-System wird gefordert und dadurch die Kondition verbessert. Wie auch beim Nordic Walking und Nordic Blading werden bis zu 90 Prozent der Körpermuskulatur beansprucht. Dementsprechend ist Skilanglauf ein optimales Ausdauertraining, da es Muskulatur, Knochen, Sehnen und Bänder stärkt und den Stoffwechsel der Bandscheiben fördert. Nicht zuletzt ist es die geringe Verletzungsgefahr, die den Skilanglauf zu einer idealen Sportart für Jung und Alt macht – mit einem kleinen Haken: Sie kann nur im Winter ausgeübt werden. Doch wenn der Schnee dann einmal die Wiesen und Hügel bedeckt und in der Sonne glitzert, dann ist Skilanglauf eine Sportart, bei der Sie alle Sinneseindrücke intensiver erleben. Wer einmal richtig abschalten, Ruhe genießen und gleichzeitig auch noch seine Gesundheit fördern will, für den ist Skilanglauf im Winter eine optimale Alternative zu Nordic Walking. Auch wer ein paar Pfunde verlieren möchte, liegt mit Nordic Skiing goldrichtig.

Skilanglauf ist leicht zu erlernen. Anfänger sollten jedoch nicht mehr als zweimal eine Stunde pro Tag auf den Brettern stehen. Außerdem sollten Sie sich als Anfänger zunächst auf ebener Strecke versuchen. So können Sie sich an das Laufen gewöhnen, ohne eine Überforderung zu riskieren.

Die klassische und die Freie Technik

Aus der ursprünglichen klassischen Variante des Skilanglaufens hat sich schon zu Beginn des 20. Jahrhunderts die Skating-Technik entwickelt. Diese wurde in den 80er Jahren in den Rang der zweiten Langlaufdisziplin erhoben.

Bei der klassischen Technik sind Diagonalschritt-, Doppelstock-, Grätenschritt- und Abfahrtechniken sowie Richtungsänderungen erlaubt, alle so genannten Schlittschuhschritt-Techniken jedoch nicht. Die »Freie« oder Skating-Technik beinhaltet dagegen alle Skilanglauftechniken, auch die der klassischen Disziplin. Je nachdem, welche Variante Sie bevorzugen, stehen unterschiedliche Loipen zur Verfügung.

Mit einer Geschwindigkeit von 40 km/h auf der Ebene ist die Skating-Technik der klassischen Technik tempomäßig überlegen. Bei der Skating-Technik werden außerdem die Arme stärker eingesetzt als bei der klassischen Disziplin, was zu einer intensiveren Stärkung des Oberkörpers und zu besserer Koordinationsfähigkeit führt. Grundsätzlich ist aber keine der beiden Disziplinen besser oder schlechter als die andere, es kommt vielmehr auf Ihre Vorlieben an. Für beide Techniken gilt: Sie sind verträglich für die Gelenke und üben einen positiven Einfluss auf Blutdruck, Herzfrequenz und die Sauerstoffaufnahme im Blut aus.

Auf Tennisschlägern durch den Schnee

Unberührte Winterlandschaft, flockiger Pulverschnee, Ruhe und endlose Weite – immer mehr Winterfans schnallen sich Schneeschuhe an und pflügen mit den Tretern durch unberührte weiße Landschaften. Gerade für Nichtskifahrer und erholungssuchende Individualisten ein idealer Freizeitsport, um auch im Winter in den Genuss der Natur zu kommen und ganz nebenbei jede Menge Kalorien zu verbrennen. Ähnlich wie die anderen nordischen Sportarten schont Schneeschuhwandern die Gelenke, stärkt das Herz-Kreislauf-System und die Muskulatur, baut Stress ab und macht jede Menge Spaß, ob allein oder in der Gruppe.

Schneeschuhe sind keine neue Erfindung. Bereits die Ureinwohner Nordamerikas benutzten diese Art von Gehhilfen zur Fortbewegung, um im Tiefschnee nicht zu versinken. Ursprünglich waren Schneeschuhe aus Zweigen geflochten, später wurden die Rahmen aus unter Dampf gebogenem Holz gefertigt und mit Tiersehnen oder Därmen bespannt. Heute sind diese Schuhe schöne Antiquitäten. Der Schneeschuh hat sich mittlerweile zum Hightech-Gerät aus Plastik und Aluminium entwickelt. Das Schneeschuhwandern ist zu einer eigenständigen Sportart geworden, die sich wunderbar mit den anderen Nordic-Fitness-Sportarten kombinieren lässt.

Wandern auf den Pfaden des Yetis

Das Gute am Schneeschuhwandern ist: Man braucht keine besonderen Fähigkeiten. Jeder, der laufen kann, kann auch Schneeschuhwandern. Auch die Intensität ist je nach individueller Fitnesslage wählbar. Die Möglichkeiten reichen vom Genusswandern in der Ruhe und Einsamkeit verschneiter Täler über schwierige Aufstiege für ambitionierte Winteralpinisten bis hin zu Laufwettkämpfen. Für jeden ist etwas dabei.

Schneeschuhgeher sind außerdem an keine bestimmten Routen gebunden. Sie brauchen keine Pisten oder Loipen. Durch die Konstruktion der Schneeschuhe, durch die das Einsinken im tiefen Schnee weitgehend verhindert wird, können Sie nahezu jedes Gelände begehen. Dadurch bewegen Sie sich jedoch häufig auch im Lebensraum von Wildtieren oder auch in lawinengefährdeten Gebieten. Lawinenkundliches Wissen und Kenntnisse über Wildtiere sind deshalb Voraussetzung für eine sichere und vor allem naturschonende Tour auf Schneeschuhen. Aus diesem Grund ist es auch sinnvoll, die erste Tour in Begleitung eines erfahrenen Schneeschuhlehrers zu machen, der Ihnen das nötige Wissen vermitteln kann.

Was Sie zum Schneeschuhwandern brauchen

Schneeschuhe, Stöcke und ein guter Wanderschuh sind das wichtigste Equipment für eine Schneeschuhtour. Bei der Auswahl der Schneeschuhe sollten Sie sich allerdings gut beraten lassen.

Ob Ihnen ein Schneeschuh »passt«, hängt nämlich ganz

davon ab, was Sie vorhaben. Nicht jeder Schneeschuh ist auch für jede Tour geeignet.

Schneeschuhe aus Kunststoff

Der Kunststoff-Schneeschuh bietet beim Aufstieg besseren Halt, weil er besser greift. Da er das beim Bergabgehen auch tut, ist ein lockeres und gleitendes Absteigen nicht möglich. Die Kunststoff-Schneeschuhe sind daher eher geeignet für kurze Wanderungen oder für Snowboarder, die den Schuh hauptsächlich zum Aufstieg verwenden.

Schneeschuhe aus Aluminium

Der Schneeschuh aus Aluminium ist sehr stabil und gut geeignet für lange Touren, da er die Gleitphase beim Abwärtsschritt ermöglicht. Dadurch sparen Sie Kraft und schonen die Sprunggelenke.

Beim Bergaufgehen greift der Aluminium-Schneeschuh nicht von selbst. Daher sind viele dieser Schuhe bereits mit Eiskrallen ausgestattet, die dafür sorgen, dass Sie bei harschigem Schnee und vereistem Gelände nicht so leicht ins Rutschen kommen.

Auch wenn Schneeschuhe aus Aluminium teurer sind als die aus Kunststoff – für längere Touren sind sie in jedem Fall besser geeignet. Und ein weiterer Vorteil: Sie sind im Gegensatz zu Kunststoffschuhen reparabel.

Auch die Größe des Schneeschuhs ist relevant. Entscheidend für die richtige Länge ist die persönliche Schrittlänge: Die Schneeschuhe sollten sich ganz bequem und mit etwas Abstand voreinander setzen lassen. Sind sie nämlich zu groß, tritt man sich sozusagen selbst auf die Füße.

Schuhe

Gute Wander- oder Bergschuhe sind hervorragend geeignet. Leichte Trekkingschuhe sollten besser nur für kurze Touren verwendet werden, unter anderem wegen der Durchnässungsgefahr. Bei mehrtägigen Touren sind Schalenschuhe empfehlenswert, wie sie beim Skitourengehen benutzt werden. Auch Gamaschen sind sinnvoll: Sie verhindern, dass Schnee in den Schaft gelangt.

Stöcke

Stöcke erleichtern Ihnen das Wandern im Schnee, da Sie besser ausbalancieren können. Wenn Sie im Sommer Nordic walken und im Winter auf Schneeschuhwandern umsteigen möchten, besorgen Sie sich Nordic-Walking-Stöcke, bei denen man die Spitzen austauschen kann. Dann können Sie ganz einfach die Spitzen gegen die im Fachhandel erhältlichen Schneeteller auswechseln. Da es im Schnee nicht zu Vibrationen oder Biegebelastungen kommt, ist es auch möglich, Teleskopstöcke zu verwenden.

Der Mensch ist, was er isst

Körperliche Fitness ist nicht nur eine Frage von ausreichender Bewegung. Auch die Ernährung spielt eine wichtige Rolle im Rahmen körperlicher Gesundheit und Zufriedenheit. Der Mensch ist zwar physiologisch ein Allesverwerter – doch nicht alles, was täglich den Verdauungstrakt passiert, ist auch gesund. Die Folgen einer einseitigen oder mangelhaften Ernährung sind, ähnlich wie beim Rauchen, nicht sofort sichtbar. Langfristig kann es jedoch zu Müdigkeit, Gewichtsproblemen, Verdauungsbeschwerden, Immunschwäche und auch psychischen Problemen kommen. Daher ist zusätzlich zu ausreichender Bewegung eine gesunde und abwechslungsreiche Ernährung von großer Bedeutung. Nur so bleiben Sie bis ins hohe Alter gesund und fit.

Aber gibt es eine spezielle Ernährung für Sportler? Hochleistungssportler haben in jedem Fall andere Ernährungsbedürfnisse als »normale« Menschen. Für Freizeitsportler gilt jedoch das Gleiche wie für »Couchpotatoes«: Die beste Energiegrundlage ist eine vollwertige Mischkost. Das heißt: wenig Fett und Zucker, viel frisches Obst, Gemüse und Salat, wenig Fleisch und viele Getreide- sowie Milchprodukte. Der Unterschied zwischen einem sportlich Aktiven und einem Sportmuffel besteht darin, dass Ersterer prinzipiell mehr essen kann, weil er ja auch mehr verbraucht. Das hat den Vorteil, dass er nicht ständig an seiner Kalorienzufuhr herumrechnen muss, um ja nicht zuzunehmen. Nach einem etwas üppigeren Essen muss er sich am nächsten Tag nicht bei Brot und Wasser kasteien. Wer also genug hat vom ewigen Kalorienzählen, dem sei nur eines geraten: Raus an die frische Luft und bewegen. Eine Stunde Nordic Walking verschlingt bis zu 400 Kilokalorien. Das entspricht immerhin einem Stück Schwarzwälder Kirschtorte oder einem Döner.

Die Baustoffe des Körpers

In unserem Körper spielen sich ständig biochemische Prozesse ab, die für Entwicklung und Wachstum sowie für die Gesunderhaltung notwendig sind. Unter dem Verbrauch von Energie werden Körperzellen ständig auf-, um- oder abgebaut, Organfunktionen aufrechterhalten und unverwertbare Substanzen wieder ausgeschieden. Damit der Stoffwechsel auch richtig funktioniert, benötigt der Körper wichtige Nährstoffe, die ihm ausreichend Energie liefern oder als Baustoffe zur Verfügung stehen. Diese Nährstoffe bezieht der Organismus aus Lebensmitteln, die dem Körper beim Essen und Trinken zugeführt werden. Bei den mit der Nahrung aufgenommenen Nährstoffen unterscheidet man zwischen energieliefernden und nicht energieliefernden. Zu den energieliefernden gehören Fette, Eiweiße und Kohlenhydrate. Zu den nicht energieliefernden Nährstoffen gehören Ballaststoffe, Mineralien, Spurenelemente, Vitamine und Wasser.

Eiweiße

Eiweiße oder Proteine sind sowohl für die Struktur als auch für die Funktion des Menschen von grundlegender Bedeutung. Sie befinden sich als Grundsubstanz in den Zellen und im Muskelgewebe. Eiweiße sind beteiligt an der Bildung der inneren Organe sowie Knochen, Haut, Haaren, weiterhin am Wachstum und an der Erhaltung und Erneuerung der Zellen. Proteine sind ebenfalls notwendig bei der Steuerung chemischer Prozesse, denn sie unterstützen die Herstellung von Enzymen und Hormonen.

Proteine sind aus verschiedenen insgesamt 20 Aminosäuren aufgebaut. Aus diesen stellt der Körper seine eigenen Eiweiße her. Acht der Aminosäuren sind für den Erwachsenen essenziell, das heißt, sie müssen über die Nahrung aufgenommen werden, da sie nicht vom Körper selbst aufgebaut werden können.

Ein Beispiel für die Wichtigkeit der essenziellen Aminosäuren sind die Muskeln. Diese bestehen zu einem großen Teil aus den essenziellen Aminosäuren Valin, Leucin und Isoleucin.

Pflanzen sind die ursprünglichen Eiweißproduzenten und -lieferanten von Tier und Mensch. Pflanzliches Protein ist jedoch dem tierischen qualitativ unterlegen, da es weniger essenzielle Aminosäuren enthält und eine geringere biologische Wertigkeit aufweist. Pflanzliches Protein aus Nahrungsmitteln hat aber den Vorteil, dass man mit ihm weniger Fett als Begleitstoff aufnimmt. Ein ausgewogenes Verhältnis zwischen pflanzlichem und tierischem Eiweiß in der Nahrung ist deshalb optimal.

Ein gesunder Erwachsener sollte laut der Deutschen Gesellschaft für Ernährung (DGE) 0,8 g Eiweiß pro kg Körpergewicht täglich zu sich zu nehmen. Das entspricht bei normalgewichtigen Personen einer Menge von ungefähr 45 bis 55 Gramm Eiweiß pro Tag. Eiweiß steckt vor allem in

Milchprodukten, Hülsenfrüchten, Fisch, Fleisch, Tofu und Geflügel.

Fette

Fett ist ein wichtiger Nährstoff in der menschlichen Ernährung und unterscheidet sich von Eiweiß und Kohlenhydraten dadurch, dass es mehr als doppelt so viel Energie bereitstellt. Ein Gramm Fett liefert circa 9 Kilokalorien, während ein Gramm Eiweiß und ein Gramm Kohlenhydrate jeweils circa 4 Kilokalorien liefern. Fett dient an vielen Stellen des Körpers als Stoßdämpfer oder Schutz vor Reibung. Benachbarte Organe bleiben durch Fettpolster im vorgesehenen Abstand zueinander. Eine dünne Schicht Körperfett unter der Haut schützt vor Kälte.

Fettsäuren tierischen Ursprungs sind gesättigt, das bedeutet, sie enthalten keine Doppelbindung. Sie kommen hauptsächlich in Fleisch, Schmalz, Milch und Butter vor.

Die ungesättigten Fettsäuren mit einer oder mehreren Doppelbindungen sind in der Regel pflanzlichen Ursprungs und sind zum Beispiel in Sonnenblumen-, Oliven- oder Maiskeimöl enthalten. Auch das Fett von Fischen hat einen hohen Anteil an ungesättigten Fettsäuren. Viele ungesättigte Fettsäuren kann der Körper nicht selbst herstellen. Man bezeichnet sie daher als essenziell. Zu diesen essenziellen Fettsäuren gehören auch die im Fisch besonders reich vorkommenden so genannten Omega-3-Fettsäuren beziehungsweise die in Pflanzenölen vorkommenden Omega-6-Fettsäuren. Beide haben einen positiven Einfluss auf das Risiko einer Herz-Kreislauf-Erkrankung. Bei einer gesunden

Ernährung sollten Sie daher großen Wert auf die Zufuhr von essenziellen Fettsäuren legen.

Nahrungsfette sind aufgrund ihrer hohen Energiedichte der Energielieferant Nummer eins. Nicht verbrannte Fette werden vom Körper als Depot- und als Baufett gespeichert. Bei Hunger- und Mangelzuständen greift der Körper auf seine Energiereserven die Depotfette zurück. Je nach äußeren Umständen werden diese in guten Zeiten entsprechend aufgefüllt, um in schlechten Zeiten zur Verfügung zu stehen.

Neben ihrer Rolle als Energielieferant sorgen die Nahrungsfette auch dafür, dass die fettlöslichen Vitamine A, D, E, K im Organismus aufgenommen werden können. Die Zugabe von Butter an Möhren dient also nicht nur der Entfaltung des Aromas, sondern auch der verbesserten Aufnahme des in den Möhren enthaltenen Vitamins A.

Fett – Dickmacher Nummer eins

Obwohl Fett für den Körper lebensnotwendig ist, hat es einen entscheidenden Nachteil: Es macht dick. Das liegt daran, dass Fett meist konzentriert auftritt, während Kohlenhydrate im Volumen gewaltig auftragen. Um 500 g Kohlenhydratkalorien aufzunehmen, muss man immerhin etwa 600 g Nudeln vertilgen. Die gleiche Menge an Fettkalorien hat hingegen locker in einer Bratwurst Platz. Wer also seinen Kalorienbedarf größtenteils über Fett abdeckt, hat schnell seinen Tagesbedarf erreicht, ohne besonders viel gegessen zu haben.

Der Grund für die dick machende Wirkung von Fett ist folgender: Auf zu viele Kohlenhydrate oder Eiweiße in der Nahrung kann der Körper reagieren. Er steigert einfach die

Verbrennung und baut so überflüssige Kalorien ab. Anders beim Fett: Überflüssige Fettkalorien werden nicht verbrannt, sondern im Fettgewebe deponiert. Die Folge: Das Körpergewicht steigt. Außerdem geht bei der Verwertung von Kohlenhydraten und Eiweißen ein großer Teil der Energie verloren: immerhin 20 bis 30 Prozent der in den Nährstoffen enthaltenen Kalorien. Bei Fetten hingegen liegt dieser Anteil bei nur drei Prozent.

Fett ist außerdem ein schlechterer Appetithemmer als Kohlenhydrate und Proteine. Es produziert nur schwache Sättigungssignale und verleitet deshalb dazu, zu viel zu essen. Wer einmal heißhungrig einen Schokoriegel hinuntergeschlungen hat, weiß das. Kaum eine Stunde später ist der Hunger wieder da. Und dabei enthält ein Schokoriegel um die 270 Kilokalorien, mit einem Fettanteil von 11g!

Mediziner und Ernährungsberater empfehlen nicht mehr als 60 bis 70 g Fett pro Tag. Laut Statistik konsumieren die Bundesbürger im Durchschnitt jedoch 120 bis 140 g pro Tag. Kein Wunder also, wenn Übergewicht zunehmend zum Problem wird.

Wer einmal genauer hinschaut, wird entdecken, wie viel Fett sich in unserer täglichen Nahrung versteckt. Eine Currywurst mit Pommes, die man oft so nebenbei verdrückt, enthält schon mehr als die Hälfte des Tagesbedarfs. Und mit einer Tafel Schokolade und 100 Gramm Chips ist die erlaubte Tagesration bereits erreicht.

Kohlenhydrate

Kohlenhydrate spielen in der Ernährung des Menschen von allen Nährstoffen die wichtigste Rolle. Zu ihnen zählen alle Arten von Zucker und Stärke, ebenso die Ballaststoffe in unserer Nahrung.

Kohlenhydrate setzen sich aus einer unterschiedlichen Anzahl von Zuckern, den so genannten Sacchariden, zusammen. Die Anzahl der Zuckermoleküle und ihre Bindung zueinander spielen für die Ernährung eine wichtige Rolle.

Man unterscheidet drei Arten von Kohlenhydraten: Einfachzucker (Traubenzucker, Fruchtzucker), Zweifachzucker (Haushaltszucker, Milchzucker) und Vielfachzucker (Stärke, Ballaststoffe).

Alle Kohlenhydrate werden als Einfachzucker vom Darm sehr schnell ins Blut aufgenommen. Von dort gelangen sie in die Körperzellen. Zweifachzucker hingegen müssen zuerst in Einfachzucker gespalten werden, dadurch erfolgt ihre Aufnahme ins Blut langsamer.

Vielfachzucker müssen erst in mehreren Schritten zu Einfachzucker abgebaut werden. Das dauert zwar lange, hat aber den Vorteil, dass sie dadurch langsam und kontinuierlich ins Blut gelangen.

Aus diesen unterschiedlichen Abbauzeiten resultieren die verschiedenen Wirkungen der Kohlenhydrate unserer Nahrung auf die verschiedenen Stoffwechselprozesse im Körper. Denken Sie zum Beispiel an den längeren Sättigungswert von Lebensmitteln wie Vollkornbrot oder -nudeln, die Stärke und Ballaststoffe enthalten, oder an die rasche Energielieferung durch Traubenzucker, einen Einfachzucker.

Kohlenhydrate haben verschiedene Funktionen im Körper. Sie werden als Glykogen in der Leber und in der Muskulatur gespeichert. Daraus kann bei Bedarf sehr schnell Energie bereitgestellt werden. Gehirn und rote Blutkörperchen decken ihren Energiebedarf ausschließlich über Glukose, andere Organe können auch Fettsäuren als Energiequelle nutzen.

Kohlenhydrate sind Bestandteile von Knochen, Sehnen und Bindegewebe, ebenso sind sie notwendig zur Aufrechterhaltung des Wasser- und Elektrolythaushalts.

Ballaststoffe

Ballaststoffe sind diejenigen Substanzen, die zwar mit der Nahrung aufgenommen werden, aber im Verdauungstrakt nicht verwertet werden können. Es handelt sich dabei zumeist um nicht spaltbare Vielfachzucker, also Kohlenhydrate. Ballaststoffe haben eine darmregulierende Wirkung, sie beeinflussen beispielsweise positiv Verstopfung und Durchfall. Da sie unter anderem für einen weichen Stuhl sorgen, wird die Entstehung einer Reihe von Enddarmerkrankungen wie Hämorrhoiden verringert oder auch verhindert.

Vitamine, Spurenelemente und Mineralstoffe

Vitamine, Spurenelemente und Mineralstoffe sind lebensnotwendige Nahrungsbestandteile, die zwar keine Energie liefern, aber für viele Wachstumsprozesse und für ein gesundes Wachstum unentbehrlich sind.

Vitamine

Vitamine sind organische Verbindungen, die der Körper in kleinen Mengen für den Stoffwechsel, zur Aufrechterhaltung der Gesundheit und zum normalen Wachstum benötigt.

Vitamine unterscheiden sich in ihren Wirkungen. Allgemein kann man sagen, dass sie als Katalysatoren dienen, die mit Proteinen Verbindungen eingehen, um Enzyme aufzubauen, die wiederum wichtige chemische Reaktionen im Körper fördern. Ohne Vitamine würden viele dieser Reaktionen verlangsamt oder gar nicht mehr ablaufen.

Die Vitamine unterteilt man nach ihren Lösungseigenschaften in fettlösliche und wasserlösliche Vitamine. Zu den fettlöslichen gehören die Vitamine A, D, E und K. Sie werden generell mit fetthaltigen Lebensmitteln aufgenommen und in den Fettdepots des Körpers gespeichert. Die wasserlöslichen Vitamine – acht B-Vitamine (B_1, B_2, B_6, Niacin, Pantothensäure, Folsäure, Biotin, Vitamin B_{12}) und Vitamin C – können nicht gespeichert werden, sondern müssen regelmäßig, möglichst jeden Tag, ergänzt werden. Der Körper kann nur Vitamin D selbst herstellen. Alle anderen Vitamine müssen über die Nahrung zugeführt werden.

Mineralstoffe und Spurenelemente

Mineralstoffe und Spurenelemente sind energielose, aber essenzielle Nährstoffe. Natrium, Kalium und Chlorid sind an der Steuerung des Wasserhaushalts beteiligt, Kalzium, Phosphor und Magnesium dienen als Baustoffe für Knochen und Zähne. Phosphor ist auch am Energiestoffwechsel beteiligt. Natrium, Kalium, Magnesium und Kalzium sind für das Funktionieren von Nerven und Muskeln mitverantwortlich.

Im Normalfall enthält die Nahrung genügend Mineralstoffe; sie müssen also nicht, wie die Vitamine, zusätzlich zugeführt werden. Bei einseitiger Ernährung, zum Beispiel ohne jegliche Milchprodukte, kann jedoch ein Kalziummangel auftreten.

Mineralstoffe sind reichlich vorhanden in Milch und Milchprodukten, Gemüse, Früchten, Nüssen, Brot und Getreideprodukten, ebenso in Fleisch und Fisch.

Spurenelemente sind, wie die Mineralstoffe, ebenfalls energielose, aber essenzielle Nährstoffe. Im Unterschied zu diesen werden die Spurenelemente aber nur in kleinsten Mengen gebraucht. Sie sind für die Funktion von vielen Proteinen und Enzymen absolut unerlässlich. Zu den Spurenelementen gehören Eisen, Chrom, Zink, Kobalt, Kupfer, Fluor, Jod, Mangan, Molybdän und Selen.

Kleine Vitamin- und Spurenelementkunde

Was Vitamine, Mineralstoffe und Spurenelemente im Körper bewirken, wie hoch der Tagesbedarf ist, und was passiert, wenn sie nicht ausreichend vorhanden sind, können Sie in den folgenden Tabellen nachlesen.

Vitamine   ☐ = fettlösliche Vitamine   ☐ = wasserlösliche Vitamine

Vitamin	Funktion	Vorkommen	Mangelerscheinung	Tagesbedarf
Vitamin A	Wichtig für den Sehvorgang, den Eiweißstoffwechsel und das Skelettwachstum	Butter, Milch, Käse, Leber, Seefisch. Die Vorstufe Provitamin A (Carotin) ist in Gemüse und Obst enthalten.	Nachtblindheit, Haut- und Knochenschäden	1,0 – 1,5 mg
Vitamin E	Immunabwehr, Zellschutz	Pflanzliche Öle, Getreide, Keime und Saaten	Kommen nicht vor	ca. 12 – 15 mg
Vitamin D	Knochenbildung, Transport von Kalzium und Phosphor. Vitamin D kann mit Hilfe von Sonnenlicht vom Körper selbst hergestellt werden.	Als Vitamin-D-Vorstufen in Lachs, Sardinen, Lebertran und pflanzlichen Nahrungsmitteln.	Störungen in den Knochen und im Kalziumstoffwechsel, Rachitis	0,05 mg

Vitamin	Funktion	Vorkommen	Mangelerscheinung	Tagesbedarf
Vitamin K	Förderung der Blutgerinnung	Vitamin K1 ist in Pflanzen enthalten, wird aber auch von unseren Darm- bakterien selbst hergestellt.	Blutgerinnungs- störungen	1 mg
Vitamin B1	Wichtig für Energiestoffwechsel, Herz- und Nervenfunktion	Brot, Getreide- produkte, Kartoffeln, Hülsenfrüchte	Muskelschwund, Appetitlosigkeit, neurologische Störungen	1 – 2 mg
Vitamin B2	Wichtig für den gesamten Stoff- wechsel und die Hormonproduktion	Milchprodukte, Brot, Eier, Hefe, Leber	(selten) Entzündungen der Haut und Schleimhaut, Blutarmut	1,5 – 2 mg
Vitamin B6	Wichtig für den ge- samten Stoffwechsel und die enzymati- schen Prozesse, ins- besondere den Amino- säurestoffwechsel	Hefe, Körnerfrüchte, Bananen, Brot, grünes Gemüse	(selten) neurologische Störungen	2 mg
Niazin	Wichtig für den Stoffwechsel und die Leberfunktion	Nüsse, Hefe, Eier, Milch, Fisch	Hautentzündungen, Verdauungsstörun- gen, geistige Degeneration	15 – 20 mg

Vitamin	Funktion	Vorkommen	Mangelerscheinung	Tagesbedarf
Vitamin B12	Wichtig zur Bildung der roten Blutkörperchen, Einfluss auf den Eiweißstoffwechsel	Milch, Käse, Leber, Fisch, Muskelfleisch	Blutarmut, Schädigung des Nervensystems	$5-10$ µg
Vitamin C	Beteiligt am Aufbau von Bindegewebe und Hormonen, Wundheilung, Erkältungsschutz, Fänger freier Radikale	Obst, Gemüse, Salat, Kräuter	Erschöpfung, schlechte Wundheilung, Infektanfälligkeit	75 mg
Folsäure	Wichtig für die Blutbildung und Zellteilung	Blattgemüse, Spinat, Getreideprodukte, Spargel	Durchfälle, Blutarmut, Gewichtsverlust	ca. 0,1 mg
Biotin	Wichtig bei Aminosäureabbau und Fettsäurebiosynthese. Wird auch von den Darmbakterien produziert.	Hefe, Eigelb, Haferflocken, Nüsse	Dermatitis, Appetitlosigkeit, Mattigkeit	2 mg
Pantothen-säure	Wichtig für den gesamten Stoffwechsel	Tierische Nahrungs-mittel, Hefe, Getreide, grünes Gemüse	Nicht bekannt	10 mg

Mineralstoffe
und Spurenelement   ☐ = Mineralstoffe   ☐ = Spurenelemente

Mengen/Spurenelement	Funktion	Vorkommen	Mangelerscheinung	Tagesbedarf
Natrium	Wichtig für Muskeln und Nerven und den Wasserhaushalt	Kochsalzhaltige Nahrungsmittel und Mineralwasser	Übelkeit, Verwirrung, Krämpfe	2 g
Chlorid	Ähnlich wie Natrium wichtig für den Wasserhaushalt und Säure-Basen-Haushalt	Salzhaltige Lebensmittel	Muskelschwäche, Verschiebung des Säure-Basen-Gleichgewichts	3 g
Kalium	Wichtig zur Weiterleitung von Nervenimpulsen und zur Muskelkontraktion	Gemüse, Brot, Nüsse, Bananen, Kartoffeln, Pilze	Herzfunktionsstörungen, Muskelschwäche	2 – 4 g
Kalzium	Bestandteil von Knochen und Zähnen. Wichtig für Reizübertragung, Muskelfunktion und Blutgerinnung.	Milchprodukte, Brot	Muskelkrämpfe, Osteoporose	800 – 900 mg
Magnesium	Bestandteil vieler Enzyme. Wichtig zur Muskelkontraktion und Reizübertragung.	Brot, Getreideprodukte, Nüsse, Milch, Beeren, Kartoffeln	Muskelkrämpfe, Wadenkrämpfe, Kribbeln und Taubheitsgefühle	300 – 350 mg

Mengen/Spurenelement	Funktion	Vorkommen	Mangelerscheinung	Tagesbedarf
Phosphor	Wichtig für Knochenaufbau, Bestandteil von Knochen und Zähnen	In allen Lebensmitteln	Schwächegefühl	1300 mg
Eisen	Wichtig für Sauerstofftransport im Blut, Baustein für Enzyme	Gemüse, Hülsenfrüchte, Brot	Infektanfälligkeit, sinkende Leistungsfähigkeit	10 – 15 mg
Zink	Wichtig als Bestandteil von Enzymen und Hormonen sowie für die Wundheilung	Brot, Milch, Gemüse, Haferflocken, Innereien, Fisch	Antriebslosigkeit, Hautstörungen, Infektanfälligkeit, Entwicklungsstörungen	5 – 10 mg
Mangan	Wichtig als Aktivator für Enzyme	Brot, Getreide, Hülsenfrüchte	Sterilität, Knochenmissbildungen	ca. 2 – 5 mg
Kupfer	Wichtig als Bestandteil von Enzymen, beim Aufbau von Bindegewebe, bei der Energiegewinnung	Nüsse, Kakao, Fisch, Gemüse	Wachstumsstörungen, Osteoporose, gestörtes Blutbild	1,5 – 3,0 mg

Mengen/Spurenelement	Funktion	Vorkommen	Mangelerscheinung	Tagesbedarf
Selen	Wichtig für das Sehvermögen, die Herzfunktion und als Antioxidans bei der Abwehr freier Radikale	Getreide, Hülsenfrüchte, Leber, Fleisch	Störungen des Immunsystems, Hautkrankheiten	20–100 µg
Jod	Wichtig für die Bildung der Schilddrüsenhormone und den Energiestoffwechsel	Fisch, Meeresfrüchte, Milchprodukte	Kropfbildung (Schilddrüsenvergrößerung)	200 µg, Schwangere und Stillende 230–260 µg
Fluor	Wichtig für Kariesschutz und für die Knochenbildung bei Neugeborenen	Mineralwasser, Trinkwasser, Vollkornprodukte, Fisch, schwarzer Tee	Vermehrte Kariesbildung	1,0 mg

Trinken –
der Schlüssel zur Leistungsfähigkeit

Wasser ist ein wichtiger Baustein für den Erhalt des Körpers, das zeigt auch schon die große Menge, in der es im menschlichen Körper vorhanden ist.

Beim Neugeborenen beträgt der Wassergehalt 75 Prozent, beim Erwachsenen etwa 65 Prozent und bei älteren Menschen immerhin noch etwa 55 Prozent. Die starke Abnahme des Wassergehalts mit dem Lebensalter wird verursacht durch die gleichzeitige Zunahme des Fettgewebes und durch den altersbedingten Umbau des Bindegewebes von wasserreichen zu wasserärmeren Typen. Wasser ist in allen Körperflüssigkeiten wie Schweiß, Urin, Tränen, Blut enthalten. Es wird dem Körper auf direktem Weg durch Getränke und durch die Atmung zugeführt, ebenso auf indirektem Weg über wasserhaltige feste Nahrungsmittel. Das Wasser transportiert die wasser- und fettlöslichen Nährstoffe durch das Blut zur Leber, wo die Nährstoffe umgewandelt und gespeichert, ebenso Schadstoffe entgiftet werden. Diese werden dann über Nieren und Blase wieder ausgeschieden. Ein weiterer wichtiger Ausscheidungsmechanismus ist die Schweißsekretion durch die Schweißdrüsen. Eine geringe Menge an Wasser wird auch über die Atemluft abgegeben.

Um fit und leistungsfähig zu bleiben, braucht der Körper genug Flüssigkeit. Was uns in der heißen Jahreszeit meist wesentlich leichter fällt, ist an kühleren Tagen oft ein Problem. Viele Menschen, darunter häufig Frauen und ältere Menschen, trinken zu wenig. Die meisten wissen gar nicht, wie sehr sie damit ihrer Gesundheit schaden.

Während es möglich ist, 30 Tage ohne Nahrung ohne größere Schäden zu überstehen, wird ein Flüssigkeitsmangel rasch lebensbedrohlich. Bereits Flüssigkeitsverluste von nur zwei Prozent des Körpergewichts vermindern die Leistungsfähigkeit. Wenn der Wasserverlust nicht rechtzeitig ersetzt wird, wird dem Blut und Gewebe Flüssigkeit entzogen. Dadurch ist die Versorgung der Muskelzellen mit Sauerstoff und Nährstoffen eingeschränkt, und es kann zu Schwindelgefühlen, Durchblutungsstörungen, Erbrechen und Muskelkrämpfen kommen.

Wie viel Flüssigkeit braucht der Mensch?

Je mehr Flüssigkeit der Körper aufnimmt, desto besser. Ernährungswissenschaftler raten, mindestens 1,5 bis 2 Liter pro Tag zu trinken. Und das nicht nur im Sommer, sondern das ganze Jahr über, damit der Stoffwechsel reibungslos funktioniert. Im Sommer gilt: Je mehr, desto besser. Zwischen drei und fünf Litern können und sollten Sie trinken, wenn die Hitze besonders groß ist oder wenn Sie zum Beispiel bei sportlichen Aktivitäten stark schwitzen.

Ein Mangel an Flüssigkeit macht sich in der Regel durch eine trockene Kehle bemerkbar.

Dann ist es aber auch schon höchste Zeit, zu einem Glas Wasser zu greifen. Lassen Sie es am besten gar nicht so weit kommen, und planen Sie regelmäßiges Trinken in Ihren Tagesablauf ein.

Gesunde Durstlöscher

Ideal sind Mineralwässer, am besten nicht zu kalt und mit nicht zu viel Kohlensäure. Reine Fruchtsäfte haben in der Regel sehr viele Kalorien, deshalb bietet es sich an, diese mit Wasser zu Fruchtsaftschorlen zu mixen. Ebenfalls gut geeignet als Durstlöscher sind ungesüßte Kräuter- oder Früchtetees. In einigen Gegenden kann man das Wasser auch direkt aus der Leitung trinken. Meiden sollten Sie hingegen Kaffee, Cola oder schwarzen Tee zum Durstlöschen. Die Inhaltsstoffe dieser Getränke fördern die Wasserausscheidung, außerdem enthält Cola sehr viel Zucker.

Alkohol

Allein in Deutschland geht man von 2,5 Millionen Alkoholabhängigen aus. Damit gehört Alkohol eindeutig zur Droge Nummer eins in unserer heutigen Gesellschaft. Das Problem bei alkoholischen Getränken ist, dass man sie leicht in großen Mengen zu sich nimmt. Und wer einen Liter Bier am Tag trinkt, gehört noch nicht einmal zu den »richtigen« Biertrinkern. Auch bei Wein oder Sekt bleibt es selten bei einem Glas.

Die Wirkungen des Alkohols auf den Organismus sind vielfältig. Fast jedes Organ wird durch regelmäßigen Alkoholgenuss geschädigt. Besonders betroffen sind die Leber, die Bauchspeicheldrüse und das Nervensystem, aber auch das Gehirn. Daneben ist Alkohol ein erheblicher Risikofaktor für Bluthochdruck, ebenso für bestimmte Krebsformen. Gefährdet sind insbesondere der Mund- und Rachenbereich, die Speiseröhre, Leber, Darm und die Brustdrüse. Alkohol ist darüber hinaus ein bedeutender Risikofaktor für Stoffwechsel- und Herz-Kreislauf-Erkrankungen. Er schwächt das Immunsystem, stört den Hormonhaushalt und kann die Spermienproduktion schädigen. Auch das Zusammenwirken von Alkohol und Medikamenten kann zu schwersten Nebenwirkungen führen.

Und nicht zu vergessen: Alkohol trägt erheblich zum Übergewicht bei. Jedes Gramm Alkohol liefert 7 Kalorien.

Zur Verdeutlichung: Ein Liter Bier enthält circa 470 Kalorien und eine Flasche Sekt um die 600 Kalorien.

Alkohol verlangsamt den Fettstoffwechsel des Körpers. Da Alkohol für den Körper ein Gift ist, bemüht dieser sich nach jedem Alkoholgenuss, den aufgenommenen Alkohol möglichst schnell wieder zu entfernen, um den Schaden zu begrenzen. Während dieser Zeit wird weniger Fett vom Körper verbraucht und mehr Fett im Fettgewebe eingelagert. Alkohol verdrängt also Fette und auch Kohlenhydrate aus der Energiebedarfsdeckung.

Das Schnäpschen danach

Die weit verbreitete These, ein Schnäpschen nach einer fetten Mahlzeit fördere die Verdauung, ist leider falsch. Der Körper hat schon genug mit der Verdauung einer üppigen Fettmahlzeit zu tun. Je nach Fettgehalt im Essen kann es bis zu acht Stunden dauern, ehe der Organismus die Mahlzeit komplett verdaut hat. Fließt jetzt noch hochprozentiger Schnaps nach, ist der Körper überfordert und kann mit Magenschmerzen oder Verdauungsproblemen reagieren. Wenn Sie Ihre Verdauung fördern wollen, gehen Sie lieber an die frische Luft und machen Sie einen kleinen Spaziergang. Das bringt den Stoffwechsel auf Trab und lässt Pfunde eher schmelzen.

Wer ab und zu einmal ein Glas trinken möchte, muss jedoch nicht völlig verzichten. Studien belegen, dass Alkohol, in geringen Dosen genossen, sogar zur Gesundheit beiträgt und das Herz stärkt. Die akzeptable obere Alkoholmenge liegt für eine erwachsene Frau bei 10 Gramm

Alkohol pro Tag, beim Mann sind es 20 Gramm. 10 Gramm Alkohol entsprechen etwa einem Glas Wein (150 bis 200 ml) oder einem kleinen Bier (200 bis 300 ml).

Der Energiebedarf des Körpers

Unser Körper braucht ständig Energie, auch wenn wir uns im Ruhezustand befinden. Der Energiebedarf des einzelnen Menschen hängt dabei von verschiedenen Faktoren ab, wie beispielsweise Geschlecht, Alter, Körpergröße, Klima. Ebenso ist er abhängig von der Art der körperlichen Tätigkeit oder der Stoffwechselsituation. Der Gesamtenergiebedarf setzt sich aus dem Grundumsatz und dem Leistungsumsatz zusammen.

Grundumsatz

Der Grundumsatz ist die Energiemenge, die ein Mensch in 24 Stunden, in völliger Ruhe und im Liegen zur Aufrechterhaltung der Körpertemperatur und für den Grundstoffwechsel im Durchschnitt benötigt. Dazu gehören Herztätigkeit, Atmung, Erhaltung der Körpertemperatur und Aufrechterhaltung der Organfunktionen.

Der Grundumsatz ist nicht bei allen Menschen gleich, sondern von Mensch zu Mensch verschieden und wird von vielen Faktoren beeinflusst. Er stellt den größten Teil des Energieverbrauchs bei normaler körperlicher Belastung dar.

Leistungsumsatz

Jede weitere körperliche oder geistige Leistung, die ein Mensch zusätzlich zum Grundumsatz vollbringt, verbraucht weitere Energie. Diese Energiemenge wird als Leistungsumsatz bezeichnet.

Die Höhe des Leistungsumsatzes wird ebenfalls durch mehrere Faktoren bestimmt. Die wichtigsten sind:

- Muskeltätigkeit bei Bewegung und Sport
- Energiebedarf für das Wachstum bei Kindern und Jugendlichen
- Wärmeregulation durch Anpassung an unterschiedliche Umgebungstemperaturen
- Verdauungstätigkeit

Gewaltkuren helfen nicht

Es ist eigentlich ganz einfach: Essen Sie genau so viel, wie Sie verbrauchen, ist die Energiebilanz ausgeglichen, und das Gewicht hält sich. Wenn Sie jedoch abnehmen möchten, müssen Sie eine negative Energiebilanz vorweisen.

Das heißt, Sie müssen entweder weniger Nahrungsenergie aufnehmen, als Sie verbrauchen, oder den Verbrauch durch mehr Bewegung erhöhen. Am besten wirkt natürlich beides.

Einfach generell weniger zu essen, ist auf lange Sicht ungesund, weil der Körper zu wenig an lebenswichtigen Vitalstoffen wie Vitaminen oder Mineralstoffen bekommt. Zum gesunden Abnehmen sehen Wissenschaftler heute den einzigen Weg in der natürlichen, ausgewogenen und dauerhaft umgestellten Ernährung, die lediglich um 500 und in Einzelfällen um bis zu 1000 Kalorien reduziert ist. Diese geringe Kalorienverringerung hält nicht nur gesund, sie verhindert auch den sonst fast unvermeidlichen Jo-Jo-Effekt, bei dem sich der Stoffwechsel an die geringere Nahrung anpasst, weil er sich auf Sparflamme umstellt. Was vorher eine normale, harmlose Essensmenge war, ist dann zu viel. Selbst eine kleine Essensration kann besser ausgenutzt werden, so dass das Gewicht nach der Diät wieder hochschnellt, oft sogar über den Ausgangspunkt hinaus. Durch Wiederholung solcher Diäten passiert es dann, dass man sich regelrecht »dick hungert«.

Dazu kommt eine weitere Beobachtung: Je stärker und strenger man sich, etwas zu essen verbietet, desto stärker wird das Verlangen nach dem verbotenen Nahrungsmittel. Wer kennt das nicht?

Schließlich entsteht eine solche Gier, dass die Kontrolle zusammenbricht und man in einem Heißhungeranfall umso kräftiger zulangt. Auch starker emotionaler Stress kann die Kontrolle rauben. Hat man das ein paar Mal erlebt, führt das nicht nur zum Misserfolg, sondern zu Frustration und dem Gefühl, persönlich versagt zu haben. Sinnvoller ist es daher, mit dem Essen flexibler umzugehen. Dann verzeiht es der Stoffwechsel auch, wenn Sie einmal über die Stränge schlagen.

Ermitteln Sie Ihr Gewicht

Was ist eigentlich Normalgewicht, was Unter- und was Übergewicht?

Diese Frage wurde in verschiedenen Jahrhunderten unterschiedlich beantwortet. Heute hat sich die Medizin auf den Body-Mass-Index (BMI) als Richtgröße geeinigt. Er wird berechnet aus dem Körpergewicht geteilt durch die Quadratzahl der Körpergröße.

$$BMI = \frac{Körpergewicht}{Körpergröße \times Körpergröße}$$

Beispiel:
Eine Frau mit einer Körpergröße von 1,65 m und einem Körpergewicht von 59 kg hat folgenden BMI:

$$\frac{59 \ kg}{1,65 \ m \times 1,65 \ m} = BMI \ 21,6$$

Dieser BMI liegt im grünen Bereich. Die Deutsche Adipositas Gesellschaft hat drei Grenzwerte angegeben, die erkennen lassen, wo Unter-, Normal-, und Übergewicht anfangen.

Bei einem BMI unter 20 beginnt das Untergewicht, das heißt, jede weitere Gewichtsabnahme führt zu gefährlichen gesundheitlichen Schäden.

Ein BMI von 20 bis 25 gilt als Normalgewicht, mit dem es sich gut leben lässt.

Bei einem BMI von 25 bis 30 spricht man von einem mäßigen Übergewicht. Wer in diesem Bereich liegt, sollte das Gewicht unbedingt halten, Abnehmen ist jedoch noch nicht zwingend erforderlich.

Wer bei einem BMI über 30 liegt, hat eindeutig Übergewicht. Laut Statistik sind das über 15 Millionen Bundesbürger! Abnehmen ist hier in jedem Fall gesundheitlich von Vorteil.

Messung der Fettverteilung – der Taille-Hüft-Quotient

Gesundheitliche Komplikationen als Folge von Übergewicht hängen nicht ausschließlich von dem Ausmaß des Übergewichts ab. Wissenschaftliche Untersuchungen zeigen, dass eine Gewichtszunahme im Gesäß- und Oberschenkelbereich – was beim so genannten Birnen-Typ der Fall ist – weitaus weniger gefährlich ist als eine Fettvermehrung im Bauchraum.

Menschen mit bauchbetonter Fettverteilung, die so genannten Apfel-Typen, leiden viel häufiger an Diabetes, Bluthochdruck, Fettstoffwechselstörungen oder Arteriosklerose als Birnen-Typen.

Aus medizinischer Sicht lässt sich das so begründen:

Bauchfettzellen sind stärker durchblutet und von Nervenzellen durchzogen als Fettzellen aus anderen Regionen. Dadurch kann das Fett in den Bauchfettzellen rascher freigesetzt werden, weswegen der Apfel-Typ häufiger an den

oben genannten gesundheitlichen Komplikationen leidet
als der Birnen-Typ.

Eine Methode, die Fettverteilung eines Menschen zu bestimmen, ist die Berechnung des Taille-Hüft-Quotienten.
Dazu brauchen Sie ein Haushaltsmaßband, mit dem Sie Ihren Taillenumfang zwischen Becken und unterster Rippe
und den breitesten Hüftumfang bestimmten. Diese beiden
Werte müssen dann geteilt werden.

Beispiel:
Eine Frau hat einen Taillenumfang von 70 und einen Hüftumfang von 97.
70 : 97 = 0,72
Ihr Taille-Hüft-Quotient beträgt also 0,72.

Der Taille-Hüft-Quotient sollte bei Männern kleiner als 1,0
und bei Frauen kleiner als 0,85 sein. Mit dem Älterwerden
nimmt dieser Quotient leicht zu, sollte aber dennoch die
genannten Grenzwerte nicht überschreiten.

Essen Sie sich satt – aber richtig!

Gesunde Ernährung bedeutet nicht, hungrig zu bleiben
oder Körner zu essen, wie mancher Spötter gerne behaup-
tet. Wer damit beginnt, sich gesund zu ernähren, wird über-
rascht sein, wie vielseitig sein Einkaufszettel aussehen wird.

Die Grundlage für eine gesunde Ernährung sind Getreideprodukte wie Nudeln, Reis, Brot und Müsli, am besten in
der Vollkornvariante. Durch die Kombination dieser Speisen vermeiden Sie die Aufnahme von zu vielen Fetten. Au-

ßerdem machen diese Nahrungsmittel länger satt als zum Beispiel ein fetter Burger und enthalten weitaus weniger Kalorien. Kohlenhydratreiche Produkte sollten daher den größten Teil der täglichen Nahrung ausmachen. Der empfohlene Anteil an der Gesamtenergiezufuhr pro Tag beträgt für Kohlenhydrate 50 – 55 Prozent.

Gemüse, Kartoffeln, Salat und Obst stehen an zweiter Stelle der empfohlenen Lebensmittel. Besonders Broccoli ist reich an Vitaminen und Mineralstoffen. Der rote Farbstoff der Tomate ist ein ausgezeichneter Zellschutz, Sauerkraut enthält viel Vitamin C und Milchsäure für einen gesunden Darm. Bananen sind durch ihren hohen Anteil an Magnesium ein prima Stresskiller und daher eine gute Alternative zu einem Schokoriegel. Zitrusfrüchte stärken das Immunsystem. Auch Hülsenfrüchte wie Erbsen und Bohnen liefern eine Menge Vitamine und Mineralstoffe. Nehmen Sie Hülsenfrüchte daher zumindest einmal pro Woche in den Speiseplan auf.

Die deutsche Gesellschaft für Ernährung rät, fünfmal über den Tag verteilt frisches Obst und Gemüse zu essen. Beides ist eine wichtige Quelle für Vitamine, Spurenelemente und Ballaststoffe. Das Gemüse sollte nicht zu lange gegart werden, damit hitzeempfindliche Vitamine nicht zerstört werden. Durch die Verteilung der Obst- und Gemüserationen auf den ganzen Tag vermeiden Sie Heißhungeranfälle, bei denen Sie sonst eher auf einen Schokoriegel zurückgreifen würden.

Milchprodukte, Fleisch, Fisch und Geflügel gehören ebenfalls zu einer ausgewogenen Ernährung, sollen jedoch in geringeren Mengen gegessen werden. Bei Fleisch und Wurst ist eine Menge von 300 g bis 600 g wöchentlich durchaus ausreichend. Ein Zuviel ist eher ungesund. Joghurt und Käse enthalten viel Eiweiß und Kalzium, Geflügel und Fisch sind ebenfalls reich an Eiweiß und Mineralstoffen. Der empfohlene Anteil an der Gesamtenergiezufuhr pro Tag beträgt für Eiweiße 15 bis 20 Prozent.

In geringen Dosen sollten fettreiche Lebensmittel sowie Öl und Butter verwendet werden. Es ist prinzipiell sinnvoll, tierische Fette, wo es möglich ist, gegen pflanzliche Öle auszutauschen. Verwenden Sie deshalb zum Kochen anstelle von Schmalz oder Butter Pflanzenöle. Tierische Fette enthalten neben Cholesterin einen höheren Anteil an gesättigten Fettsäuren als pflanzliche. Pflanzenöle sind dagegen reich an einfach und mehrfach ungesättigten, das heißt essenziellen Fettsäuren, die außerdem einen hohen Gehalt an fettlöslichen Vitaminen enthalten.

Fette sollten 30 Prozent der Gesamtenergiezufuhr pro Tag nicht überschreiten. Die Deutsche Gesellschaft für Ernährung empfiehlt daher 10 Punkte, um die Menge der aufgenommenen Fette zu reduzieren.

- Essen Sie vorwiegend pflanzliche Lebensmittel wie Gemüse, Obst oder Getreide.
- Versuchen Sie, frische Lebensmittel zu verwenden. Fertiggerichte enthalten viele versteckte Fette.
- Wenn Sie Wurst oder Käse essen, greifen Sie zu den fettarmen Sorten.
- Sparen Sie Butter. Bestreichen Sie Ihre Brote lieber einmal mit Frischkäse, Senf oder Quark.
- Entfernen Sie bei Fisch, Fleisch und Wurst das sichtbare Fett.

- Muss es eigentlich immer Wurst sein? Probieren Sie doch zwischendurch einmal einen vegetarischen Brotbelag aus Gurken, Salat oder Tomaten.
- Verwenden Sie beschichtete Pfannen und Töpfe, in denen Sie die Speisen auch mit wenig oder gar keinem Fett garen können.
- Nehmen Sie für Ihr Salatdressing statt Öl oder Mayonnaise doch einmal Joghurt, Dickmilch oder Quark.
- Ersetzen Sie bei Aufläufen oder rahmigen Saucen mindestens die Hälfte der Sahne durch Milch.

Tipp: *Essen Sie zum Beispiel Pellkartoffeln statt Pommes, oder greifen Sie zur Kaffeepause zu einem Stück Obsttorte statt zur fetten Buttercremetorte. Sie werden sehen, auch Naschen ist noch möglich, gesunde Ernährung bedeutet keine Selbstkasteiung. Und wenn Sie regelmäßig Sport treiben, können Sie sich auch ruhig einmal einer etwas gehaltvolleren Versuchung hingeben.*

Tipps zur langfristigen Gewichtsreduktion

Sie haben vor, Ihr Gewicht zu reduzieren? Dann sollten Sie es wie beim Sport langsam angehen. Sonst erleben Sie rasch eine Enttäuschung, die Ihnen vielleicht jeden weiteren Versuch abzunehmen verleidet. Halten Sie sich an ein paar einfache Regeln:

- Stellen Sie Ihre Ernährungsgewohnheiten langsam um. Essen Sie nur noch eine halbe anstatt eine ganze Tafel

Schokolade täglich. Verwenden Sie beim Kochen weniger Fett.

- Lernen Sie, Ihren Hunger vor allem mit solchen Lebensmitteln zu stillen, die besonders viel Kohlenhydrate und Eiweiß enthalten, also Kartoffeln, Brot, Gemüse, Reis, Obst. Sie werden sehen, Sie sind satt, bevor Sie zulegen.
- Versuchen Sie Essen und Gefühle zu trennen. Wenn Sie sich schlecht fühlen und am liebsten zur Schokolade greifen wollen, versuchen Sie es doch einfach mit einer Banane oder auch einem kurzen Spaziergang an der frischen Luft. Sie werden sehen, Ihr Heißhunger ist wie weggeblasen.
- Wenn Sie essen, dann essen Sie mit Genuss und ohne Schuldgefühle. Genießen Sie die Mahlzeiten, decken Sie den Tisch schön, und richten Sie die Speisen appetitlich an.
- Versuchen Sie langsam, aber kontinuierlich wieder Spaß an körperlicher Bewegung zu gewinnen. Fangen Sie klein an, und steigern Sie sich langsam.
- Trinken Sie viel, mindestens zwei Liter Wasser täglich. Alkohol sollte nur in Maßen genossen werden.
- Beginnen Sie das Essen mit harmlosen Magenfüllern wie einem Glas Wasser oder einem Salat. Dann sind Sie nicht so ausgehungert.
- Statt eines rigiden Diätplans gehen Sie lieber flexibel mit dem Essen um, damit Sie Heißhungerattacken vermeiden. Planen Sie die kleinen Lieblingssünden bewusst mit ein, verbieten Sie sich nichts völlig!
- Essen Sie langsam. Bis zum Eintritt des Sättigungsgefühls dauert es etwa 20 Minuten. Ein langsamer Esser hat in derselben Zeitspanne weniger Kalorien aufgenommen als

ein schneller Esser, fühlt sich aber ebenso ausreichend gesättigt.

- Gehen Sie nach Möglichkeit nicht mit leerem Magen zum Einkaufen.
- Konzentrieren Sie sich auf das Essen. Lesen Sie nicht nebenbei, schauen fern oder arbeiten am Computer. Machen Sie aus dem Essen etwas Besonderes.
- Wenn Sie einmal über die Stränge geschlagen haben, denken Sie nicht gleich, dass es jetzt sowieso schon egal ist. Kalkulieren Sie Diätsünden mit ein, und lassen Sie sich von einem kleinen Rückfall nicht aufhalten, Ihr Wunschgewicht zu erreichen.
- Und zu guter Letzt: Belohnen Sie sich ruhig, wenn wieder ein paar Kilo mehr unten sind.

Nordic Walking – aber wo?

Sie haben sich entschlossen, mehr Sport zu treiben und einen Nordic-Walking-Kurs mitzumachen? Dem steht nichts im Wege. Es gibt mittlerweile fast in jeder Stadt Möglichkeiten, Kurse für Nordic Walking zu belegen. Hier finden Sie einige Adressen, ebenso Seiten im Internet, wo Sie sich zum Thema Nordic Walking weiter informieren können.

Seit 2001 gibt es die INWA, die International Nordic Walking Association. Ihre erklärten Ziele sind höchste Qualitätsstandards bei der Ausbildung von Nordic-Walking-Instruktoren. Bei INWA-geprüften Instruktoren ist sichergestellt, dass Gesundheitswirkung, Sicherheit und Effizienz von Nordic Walking richtig gelehrt wird. Achten Sie also darauf, dass Ihr Kursleiter entsprechende Ausbildungen hat.

Adressen für Nordic-Walking-Kurse:

Münchener Nordic-Walking-Akademie
Will's mountain
Oberfeld 40
82319 Starnberg
Andreas Wilhelm, Nicole Prell,
Tel.: 08151 971655
E-mail: info@willsmountain.de
Internet: www.willsmountain.de

Hachinger Nordic-Walking-Schule
Rosmarie & Christian Pichler
Am Büchl 17
82041 München
Tel.: 089 61309119
E-mail: HachingerNordicWalkingSchule@web.de
Internet: www.nordic-walking-schule.net

Nordic-Walking-Akademie Berlin
Tel.: 0171 2092012
E-mail: info@nwa-berlin.de
Internet: www.nwa-berlin.de

Nordic-Walking-Kurse Berlin
Sabine Reußner
Tel.: 030 7828876
E-mail: sabine.reussner@t-online.de
Internet: www.TrioVital.de

of-sport
Claudia Engel
Tel.: 069 85703887
E-mail: info@of-sport.de
Internet: www.of-sport.de

Beatriz Buddenberg
Im Hühnerbusch 7
49082 Osnabrück
Tel.: 0541 5978522
E-mail: webmaster@beactive-and-fit.de
Internet: www.beactive-and-fit.de

Irmgard Förster
Gesundheits- und Fitnessberatung
Reginharstr. 22
51429 Bergisch Gladbach
Tel.: 02204 917770
E-mail: info@gesund-und-fit-foerster.de
Internet: www.gesund-und-fit-foerster.de

Jürgen Theis
Lindenstraße 4
66583 Spiesen-Elversberg
Tel.: 068 2170764
E-mail: jutheis@nordic-walking-saar.de
Internet: www.nordic-walking-schule-saar.de/

NordicWALKING
Academy Freiburg
Sasbacher Straße 8
79111 Freiburg
Tel.: 0761 132525
E-mail: info@nordic-walking-online.de
Internet: www.nordic-walking-online.de/

Nordic Walking College
Mühlenkamp 10
27383 Scheessel
Tel.: 04263 982600
E-mail: info@nordic-walking.net
Internet: www.nordic-walking.net

Nordic Walking Parks:
Raus aus der Stadt, hinein in die Natur. Wenn Sie einmal ein paar Tage entspannen und neue Kräfte tanken wollen, sind diese Nordic-Walking-Angebote vielleicht etwas für Sie.

In Baiersbronn in Baden-Württemberg gibt es vom Nordic-Walking-Verband (INWA) lizenzierte Nordic-Fitness-Sports-Parks. Zur Verfügung stehen verschiedene Routen, ebenso ausgebildete Trainer, die Sie auf Ihren Touren gerne begleiten.

Im Südschwarzwald wird es ab dem 3. Mai 2003 ein »Nordic-Walking-Kompetenzzentrum« geben, Deutschlands größtes Nordic-Walking-Angebot, mit 13 ausgeschilderten Strecken in Hinterzarten, Breitnau und Feldberg. Mit Längen zwischen drei und neun Kilometern sind die Routen ideal für Einsteiger und Fortgeschrittene.

Auskunft erhalten Sie bei:
Hinterzarten Breitnau Tourismus GmbH
Freiburger Str. 1
79856 Hinterzarten
Tel.: 0049 (0) 7652 / 1206-0

Der Nordic Walking Trail am Pizol in der Schweiz führt auf 2200 Meter über dem Meer von der Bergstation Pizolhütte zur Bergstation Laufböden und zurück. Auf dem gut markierten Weg befinden sich Lerntafeln, die in die neue Sportart einführen.

Informationen unter:
Pizolbahnen AG
Tel.: 0041 (0)817204820

In Zusammenarbeit mit dem INWA wurde in Altenau die Nordic-Walking-Arena Altenau eingerichtet, mit gekennzeichneten Strecken verschiedener Schwierigkeitsgrade.

Informationen erhalten Sie bei:

Tourist-Information Altenau
Hüttenstraße 9
38707 Altenau
Tel.: 05328 802-0
Fax: 05328 802-38
E-mail: info@harztourismus.com

Glossar

Aerob: bedeutet, dass die muskuläre Energiebereitstellung durch ausreichende Sauerstoffversorgung erfolgt. Dabei wird die Energieversorgung verbessert und die Widerstandskraft gegen Ermüdung erhöht. Als Folge der daraus resultierenden besseren Leistungsfähigkeit wird der Organismus widerstandsfähiger gegenüber psychischen und physischen Belastungseinwirkungen.

Aerobe-Anaerobe Schwelle: So wird der Übergangsbereich vom Zustand der ausreichenden Sauerstoffversorgung zum Sauerstoffmangel bezeichnet. Dieser Übergangsbereich wird am zuverlässigsten durch einen Stufentest auf dem Laufband ermittelt.

Adrenalin: körpereigenes Hormon, das zusammen mit Noradrenalin in Stresssituationen aus dem Nebennierenmark ausgeschüttet wird. Dadurch wird der Herzschlag beschleunigt, der Blutdruck steigt, die Atemfrequenz nimmt zu, und der Blutzuckerspiegel erhöht sich.

Aminosäuren: sind die Grundbausteine von Proteinen. Diese sind für die Struktur und die Funktion des Menschen von großer Bedeutung. Insgesamt gibt es 20 Aminosäuren im menschlichen Körper, von diesen sind acht essenziell. Das heißt, sie können vom Körper nicht selbst hergestellt, sondern müssen über die Nahrung aufgenommen werden.

Anaerob: Je schneller die Bewegungsgeschwindigkeit ist, umso mehr Sauerstoff wird zur Energieverbrennung benötigt. Irgendwann kann der Organismus nicht mehr ausreichend Sauerstoff aufnehmen. Es wird fortan Energie unter Sauerstoffmangel, also anaerob, freigesetzt. Diese Belastung kann jedoch nur über eine sehr begrenzte Zeitdauer durchgeführt werden.

Arteriosklerose: auch Arterienverkalkung genannt. Es ist die häufigste Erkrankung der Arterien, der Blutgefäße, die das Blut vom Herzen in den Körper leiten. Sie führt in ihrem Verlauf zu entzündlichen Veränderungen in den Wänden der Blutgefäße. Die Folge: Die Gefäßwände verhärten sich, verlieren ihre Elastizität und werden durch Ablagerungen verengt. Die gefährlichsten Folgen der Arteriosklerose sind Herzinfarkt oder Schlaganfall.

Ausdauertraining: hat die Steigerung der physischen Leistungsfähigkeit zum Ziel. Durch ein individuell angepasstes Ausdauertraining wird das Herz-Kreislauf-System schrittweise an eine immer höhere Belastungsstufe herangeführt.

Atemhilfsmuskulatur: Zur Atemhilfsmuskulatur gehören alle Muskeln, die an der Halswirbelsäule oder der Brustwirbelsäule entspringen und an den Rippen ansetzen. Diese Muskeln können bei Kontraktion die obere Brustkorbhälfte anheben.

Ballaststoffe: Unverdauliche Nahrungsbestandteile, welche die Darmbewegung anregen und so den Transport des Darminhalts fördern. Ballaststoffe sind nur in pflanzlichen Lebensmitteln enthalten.

Bluthochdruck (Hypertonie): Je nach Alter gibt es bestimmte Normalwerte für den Blutdruck. Ist dieser nach wiederholten Messungen höher als der Normalwert, spricht man von Bluthochdruck. Der Blutdruck hängt ab vom Blutvolumen, dem Gefäßwiderstand und der Kraft, mit der das Herz das Blut in das Gefäßsystem pumpt. Der Blutdruck wird mit zwei Zahlen angegeben, der erste Wert gibt den systolischen Blutdruck an, dies ist der höchste Druck, der bei der Kontraktion des Herzens erreicht wird. Der zweite Wert gibt den diastolischen Blutdruck an, dies ist der geringste Druck, während das Herz sich mit Blut füllt.

Brustatmung: Diese Form der Atmung ist im Alltag der meisten Menschen verbreitet. Dabei wird der Brustkorb aufgebläht und der Bauch eingezogen. Nachteil dieser Atmung ist, dass nur ein kleiner Teil der Lunge mit Luft gefüllt wird.

Cholesterin: Cholesterin ist eine fettähnliche Substanz, die der Körper zum größten Teil in der Leber selbst bildet und zum Teil über die Nahrung aufnimmt. Cholesterin ist ein wichtiger Bestandteil aller Zellmembranen und stellt den Ausgangsstoff für die Bildung von Gallensäure,

Hormonen und Vitamin D dar. Es ist in richtigen Mengen ein unverzichtbarer Grundbaustein für den ganzen Körper. Man unterscheidet zwischen HDL- (»gutes«) Cholesterin und LDL- (»schlechtes«) Cholesterin.

Diabetes mellitus: Diabetes mellitus oder die Zuckerkrankheit ist gekennzeichnet durch eine chronische Erhöhung des Blutzuckers. Die Zuckerkrankheit ist besonders in Kombination mit erhöhten Cholesterinwerten ein erhöhtes Risiko für Herz-Kreislauf-Erkrankungen. Unterschieden werden zwei Arten von Diabetes, der Typ I und der Typ II.

Elektrokardiographie (EKG): Bei einem EKG werden die elektrischen Aktivitäten des Herzens abgeleitet und in Form von Kurven im Elektrokardiogramm aufgezeichnet. Das EKG ist damit Ausdruck des Verlaufes der Herzerregung. Durch ein EKG können Erkrankungen der Herzkranzgefäße, Mineralstoffmangel sowie Herzflimmern oder Entzündungen festgestellt werden.

Endorphine: sind die bekanntesten der insgesamt 60 bisher bekannten Neuropeptide. Sie werden auch körpereigene Opioide genannt. Endorphine spielen eine wichtige Rolle für den Gefühlshaushalt und bei der Schmerzregulation. Sie werden vom Körper bei starkem Stress oder bei übermäßiger Anstrengung wie zum Beispiel bei einem Dauerlauf freigesetzt.

Erholungs-Herzfrequenz (EHF): darunter versteht man die Herzfrequenz nach einer Belastung. Bestimmt wird der Rückgang der Herzfrequenz. Es ist die Zeit, die das Herz braucht, um wieder die für den Körper normale Schlagfrequenz zu erreichen. Die EHF wird meist nach ein oder zwei Minuten gemessen.

Enzyme: Körpereigene Eiweißstoffe, die biochemische Reaktionen je nach Bedarf in unserem Körper aktivieren, beschleunigen oder hemmen, ohne dabei selbst verändert zu werden. Von den unzähligen Enzymen erfüllt jedes seine spezielle Aufgabe. Manche Enzyme, beispielsweise Pepsin und Trypsin, helfen der Verdauung von Fleisch und beschleunigen dabei sehr viele Reaktionen. Andere, so die Urease, sind sehr »wählerisch« und unterstützen nur eine chemische Reaktion im Körper, nämlich die Spaltung von Harnstoff.

Fettsäuren: Organische Säuren, die Bestandteil von Fetten sind. Man unterscheidet gesättigte von ungesättigten Fettsäuren. Gesättigte Fettsäuren kommen hauptsächlich in tierischen Fetten vor. Ungesättigte Fettsäuren sind in Pflanzen- und Fischölen zu finden.

Fettverbrennung: ist ein Stoffwechselvorgang, der für die Energiezufuhr im Körper unerlässlich ist. An den komplexen Vorgängen der Fettverbrennung sind unter anderem Hormone beteiligt, die über die Einlagerung oder die Verbrennung von Fett mit entscheiden. Dazu gehören zum Beispiel das Wachstumshormon, das Glukagon oder die Schilddrüsenhormone.

Funktionelle Bekleidung: funktionelle Sportbekleidung hat die Aufgabe, die Feuchtigkeit vom Körper wegzutransportieren und an die Umgebung abzugeben. Da für diesen Zweck die meisten Naturfasern sehr ungeeignet sind, wurden spezielle Fasern auf Basis von Polyester oder Polypropylen entwickelt.

Glykogen: ist die Speicherform der Glukose (Einfachzucker) im menschlichen Organismus. Glykogen wird vorwiegend in der Skelettmuskulatur und in der Leber gespeichert. Bei Bedarf werden die Glykogenreserven ins Blut abgegeben, der Blutzuckerspiegel steigt.

Grundumsatz: Der Grundumsatz ist die Energiemenge, die der Körper in Ruhe verbraucht. Je nach Gewicht und Muskelmasse sind das circa 1200 – 1800 Kalorien pro Tag.

Hämoglobin: roter Blutfarbstoff, der sowohl am Sauerstoff- und Kohlendioxidtransport als auch an der Pufferwirkung des Blutes maßgeblich beteiligt ist.

Herzfrequenzmesser: Gerät zur Messung der persönlichen Herzfrequenz. Herzfrequenzmesser funktionieren über zwei Elektroden, die auf einem versiegelten elektronischen Überträger angebracht sind, der mit einem Gurt an der Brust befestigt wird. Darüber werden die elektrischen Impulse des Herzens aufgenommen und zu einem an der Hand befestigten Monitor geleitet.

Herzfrequenzreserve (HFR): Darunter versteht man die Gesamtzahl der Schläge, die den Unterschied zwischen Ruheherzfrequenz und maximaler Herzfrequenz ausmacht.

Herzfrequenzzonen: Man spricht von insgesamt fünf herzfrequenzorientierten Trainingszonen mit fünf verschiedenen Intensitätsstufen. Jede dieser Zonen korrespondiert mit verschiedenen Mechanismen im Körper, die wiederum jeweils unterschiedliche Auswirkungen auf Fitness und Gesundheit haben.

Herzinfarkt: entsteht durch Sauerstoffmangel bei dem Verschluss eines oder mehrerer Herzkranzgefäße. Der Herzinfarkt ist eine lebensbedrohliche Erkrankung. In Deutschland erleiden jährlich mehr als eine halbe Million Menschen einen Herzinfarkt, Männer sind häufiger betroffen als Frauen.

Hormone: chemische Botenstoffe, die über den Blutkreislauf oder im Gewebe Funktionen von Organen und Körperzellen steuern.

Kardiovaskulär: Das Herz-Kreislauf-System betreffend.

Kohlenhydrate: Energielieferanten, die aus Kohlenstoff und Wasser bestehen. Die wichtigsten Kohlenhydrate sind Stärke und Zucker. Wichtigste Lieferanten sind Brot- und Getreideprodukte.

Koronare Herzkrankheit: Darunter versteht man die Verengung eines oder mehrerer Herzkranzgefäße (Koronararterien), die den Herzmuskel mit Sauerstoff und Nährstoffen versorgen. Ist eine Koronararterie verengt oder verstopft, wird dieser Teil des Herzmuskels nicht mehr richtig durchblutet. Es kommt zu den typischen Angina-Pectoris-Beschwerden.

Laktat: oder auch Milchsäure, entsteht als Endprodukt des anaeroben Stoffwechsels. Es entsteht bei intensiven Belastungen, wenn die Muskulatur über Lunge und Kreislauf nicht mehr genügend Sauerstoff zur Deckung des Energiebedarfs erhält. Sammelt sich Laktat in den Muskelzellen an, spricht man von Übersäuerung.

Leistungsumsatz: Für jede Leistung, die ein Mensch vollbringt, benötigt der Körper zusätzliche Energie. Diese zusätzliche Energie ist der Leistungsumsatz. Die Energiemenge ist abhängig von körperlicher Tätigkeit, Wärmeproduktion, Verdauung und dem Bedarf für Wachstum, Schwangerschaft und Stillzeit.

Lipoproteine: Fett-Eiweiß-Verbindungen, die für den Transport wasserunlöslicher Fettbestandteile im Blut zuständig sind. Je nach Größe der Verbindungen wird zwischen »Transporteuren« hoher (High-Density-Lipoproteine), niedriger (Low-Density-Lipoproteine) und sehr niedriger Dichte (Very-Low-Density-Lipoproteine) unterschieden.

Maximale Herzfrequenz (MHF): Darunter versteht man die Herzfrequenz, bei der eine Steigerung nicht mehr möglich ist. Dieser Wert entspricht der maximalen Häufigkeit, mit der sich das Herz innerhalb einer Minute zusammenzieht.

Mengenelemente: Diese liegen in einer relativ hohen Konzentration im Körper vor: Sie sind zu mehr als 50 mg pro kg Körpergewicht enthalten. Zu den Mengenelementen gehören: Chlor, Kalium, Kalzium, Magnesium, Natrium, Phosphor und Schwefel.

Mineralstoffe: Mineralstoffe sind nichtorganische Nährstoffe, die sehr wichtig für den Körper sind, da der Organismus sie nicht selbst herstellen kann. Sie müssen daher über die Nahrung zugeführt werden. Sie werden unterschieden in Mengen- und Spurenelemente.

Muskelkater: entsteht durch winzig kleine Faserrisse innerhalb der Muskulatur, die bei ungewohnten, schnellen und schnell-kräftigen Bewegungen auftreten können. Diese Verletzungen spürt man erst ein bis zwei Tage nach der sportlichen Aktivität mit dem Muskelkater.

Noradrenalin: mit dem Adrenalin verwandtes Stresshormon.

Osteoporose: »Knochenschwund«. An einzelnen Stellen oder im gesamten Körper werden aus dem Knochengewebe Mineralstoffe ausgelagert und Knochengewebe abgebaut. Betroffen sind überwiegend Frauen nach den Wechseljahren. Sie werden dadurch anfällig für Knochenbrüche.

Proteine (Eiweiße): sind für die Struktur und für die Funktion des Menschen von großer Bedeutung. Sie sind Hauptbestandteile der Muskeln und somit für die Beweglichkeit des Menschen verantwortlich. Bausteine der Proteine sind die Aminosäuren.

Risikofaktoren: Im Zusammenhang mit Herz-Kreislauf-Erkrankungen spricht man von bestimmten Risikofaktoren, die diese Krankheiten begünstigen können. Dazu gehören: Bewegungsmangel, Bluthochdruck, Übergewicht, Kaffeetrinken, Rauchen, Diabetes, Fettstoffwechselstörungen, Stress und in der Familie vorkommende Herzerkrankungen.

Ruheherzfrequenz (RHF): darunter versteht man die Anzahl der Herzschläge in einer Minute, wenn sich der Körper in völliger Ruhe befindet.

Serotonin: ist ein Neurotransmitter, der Signale zwischen Nervenzellen überträgt. Serotonin wirkt vor allem im Gehirn, also dort, wo auch Gefühle entstehen. Der Mensch hat etwa 10 mg Serotonin im Körper verteilt. Diese Menge braucht er, damit er sich gut fühlt. Wenn der Serotoninspiegel sinkt, kippt auch die Stimmungslage. Dauerhafter Serotoninmangel kann zu ernsthaften Erkrankungen führen.

Spurenelemente: kommen nur in sehr geringen Mengen in der Nahrung und im Organismus vor. Bei den Spurenelementen sind nicht alle essenziell, manche sind sogar giftig. Zu den essenziellen Spurenelementen gehören Eisen, Kobalt, Chrom, Kupfer, Mangan, Molybdän, Selen, Zink, Jod und Fluor.

Stoffwechsel (Metabolismus): Darunter versteht man die Summe aller chemischen und physikalischen Prozesse, die im Organismus ablaufen.

Es werden zwei Arten von Stoffwechselprozessen unterschieden: erstens die Aufspaltung komplexer Stoffe in einfache Bestandteile, um Energie zu gewinnen, zweitens der Aufbau komplexer Stoffe aus einfachen Bestandteilen zur Energiespeicherung und zum Zellwachstum.

Stretching: Stretching kommt aus dem Englischen und heißt dehnen oder strecken. Einzelne Muskeln oder Muskelgruppen werden beim Stretching über einen Zeitraum von 20 bis 30 Sekunden statisch gedehnt. Stretching dient der Mobilisation des Bewegungsapparates zu Beginn einer sportlichen Tätigkeit. Ebenso ist das Stretching zum Erhalt und zur Wiederherstellung der Beweglichkeit des Bewegungsapparates und als Ausgleich zu Kraftübungen ein wirksames Mittel.

Taille-Hüft-Quotient: bezeichnet das Verhältnis zwischen Taillen- und Hüftumfang. Ein erhöhter Taille-Hüft-Quotient gilt als Risikofaktor für die Entstehung von Arteriosklerose und Herz-Kreislauf-Erkrankungen.

Verbrennung: Reaktionen im Körper, durch die Energie aus Nahrungsbestandteilen unter Sauerstoffverbrauch bereitgestellt wird.

Vitamine: sind lebensnotwendige organische Verbindungen, die der Körper nicht oder nur in unzureichender Menge selbst herstellen kann. Man unterscheidet wasserlösliche und fettlösliche Vitamine.

Wirbelsäule: sie besteht aus insgesamt 24 Wirbeln und ist der aufrechten Haltung des Menschen durch eine doppelte S-Form angepasst. Die Belastung der Wirbelsäule nimmt zur Lendenwirbelsäule hin zu. Daher sind degenerative Veränderungen und Schmerzen in diesem Bereich besonders häufig.

Zwerchfellatmung: ist die natürliche Form des Atmens, die auch bei Säuglingen zu beobachten ist. Bei dieser Atemform hebt und senkt sich die Bauchdecke abwechselnd. Dadurch wird die Bauchmuskulatur aktiviert. Die Zwerchfellatmung hat außerdem eine beruhigende und entspannende Wirkung.

Register